粉と水だけの自家製酵母で作る

はじめての
サワードゥ ブレッド

sourdough
bread

真藤 舞衣子

文化出版局

私の
サワードゥ ブレッド

サワードゥを知っていますか？
小麦粉やライ麦粉に水を混ぜ合わせて、自然発酵させた天然酵母、それがサワードゥです。これを元種にしてパンを作ります。サワードゥで作ったパンは、粉の風味を強く感じられ、ほんのりとした酸味もあり、かみしめるほどにおいしいパンです。

サワードゥの作り方は人によってさまざま。毎日半分捨てながら継ぎ足しする方法もありますが、捨てるなんてもったいない！ と思い、私の場合は、捨てずに継ぎ足して作っています。この方法でも安定したサワードゥは作れるのです。そして、元種を作って、さらに仕上げ種を作る、というやり方もありますが、いくらパン作りが好きでも、家庭でそこまでするのは大変です。この本で紹介する方法は、種作りは1回だけ。たぶん、どの作り方よりもシンプルで短期間でできる方法です。そして生地を作る際のこねる作業もありません。もしかしたら一般的な作り方とは少し違うかもしれません。プロの方にもこれは違うよと言われるかもしれません。でも、この方法で本当においしいパンが焼けるので、ぜひ皆さんにこの簡単な方法で滋味深いパンを味わっていただきたくて。

サワードゥは北欧などでは家庭で作られていると聞きます。友人が海外に住んでいた頃は、パンといえばほとんどがサワードゥ ブレッドだったそう。それくらい、暮らしに根づいているのです。

そう考えると、そんなに難しく感じないのではないでしょうか。その日の状況、温度によってパンのでき上がりは違います。ときには、ドゥ（種）の状態があまりよくないために、膨らみが少ない場合もあるでしょう。でも、形が不格好でも少々かたくても、味は本格的。これがサワードゥ ブレッドのいいところ。しかも、サワードゥは一度完成させれば、継ぎ足し続けることでずっと使えます。

この本ではライ麦、全粒粉、強力粉の3種類の粉で作るサワードゥを紹介しています。それぞれに特徴があり、同じレシピで作っても、サワードゥの種類によってパンの味わいに違いが出るのもおもしろいところです。ただ、同時に3種類を冷蔵庫にストックしておくのは場所が確保できないと思います。私も同じで、しばらく同じサワードゥを仕込んで、使いきってからまた違う種類のサワードゥを仕込んだりもします。いろいろ試してお気に入りのサワードゥを育ててください。もし失敗してもリカバリー方法や無駄にしないレシピもご紹介しているので、ご安心を。

粉と水だけで余計なものが入らない、無駄にしない、シンプルでエシカルなサワードゥ ブレッド。難しく考えずに、ぜひチャレンジしてみてください。

真藤舞衣子

What is サワードゥ ブレッド?

最近、よく耳にする「サワードゥ」って何?
粉と水で作る天然酵母のパンってどんな味?

サワードゥは
粉と水だけで作る発酵種

サワードゥは、小麦粉やライ麦粉と水を混ぜ合わせ、粉や空気中の菌を取り込んで発酵させた天然酵母です。発酵種の一種で、パン作りのときに市販のイーストと同じ役割を果たします。この発酵種を使って作るのがサワードゥ ブレッドです。余計なものが入らないから、粉の香りが感じられるパンができ上がります。サワードゥはそれ自体を焼いてパンケーキやクッキーにして食べることもできるので、無駄がないのも魅力です。

ほどよい酸味と
香ばしさが特徴

サワードゥ ブレッドは「サワー」の名のとおり、ほどよい酸味があります。というのも、サワードゥが発酵するときに乳酸や酢酸が増殖するから。でも、サワードゥのおいしさは酸味だけではありません。市販のイーストがパン作りに適した酵母だけで構成されているのに対し、サワードゥにはいろいろな微生物が混在しているので、風味豊かで味わい深い。私はしっかり焼いてこんがりとした焼き色と香ばしさを感じられるレシピにしています。

季節や家によっても、
味が違う

サワードゥは「粉と水を混ぜる」を5～10日続けて作ります。難しいワザはいらず、粉や空気中の酵母や乳酸菌の力を借りておいておくだけ。つまり、自然まかせ。気温が高い夏には早く発酵し、低い冬には発酵に時間がかかります。また、家庭ごとに浮遊している菌が違うので、発酵が早い家と遅い家があったり、同じレシピで作っても家庭によって味が違うことも。だから、おもしろい!

こねずに、じっくり時間を
かけて発酵させる

この本のパンは、こねずに作ります。パン作りでもっとも大変な作業である「こねる」をなくしたいのと、こねる代わりにじっくり時間をかけて発酵させると粉の風味がより感じられるパンになるからです。せっかく粉と水だけで作る発酵種＝サワードゥを使うので、粉の持つおいしさを最大限に生かしたパンを作りたいと思ったのです。時間はかかりますが、ほうっておけばいいので手間はかかりません。

3つのサワードゥ

この本では「ライ麦」「全粒粉」「強力粉」の3つのサワードゥを紹介しています。それぞれ特徴があり、同じパンを作ってもサワードゥが違うだけで別の味わいになります。各サワードゥで作ったパンの特徴は次のとおりです。

ライ麦サワードゥ

全粒粉サワードゥ

ライ麦サワードゥ

p.08へ

目が詰まっていてずっしり重い。
酸味は強いが、穀物のうまみもあるので、
かめばかむほど味わい深く、クセになる味。

全粒粉サワードゥ

p.12へ

ぷちっ&もっちりした食感。
ライ麦サワードゥに比べて、はっきりとした
酸味を感じる。香ばしく素朴な味わい。

強力粉サワードゥ

p.13へ

もっちり&しっとりした食感。
やさしい酸味で食べやすい。
クセが少ないので、どんなパンにも合う。

まずは好みに合わせて作ってみてください。そして、慣れてきたら別のサワードゥにも挑戦してみましょう。各レシピにはそのパンに合うおすすめのサワードゥを明記していますので、好みで使い分けてください。

強力粉サワードゥ

contents

この本の使い方

□ 発酵時間はあくまで目安です。生地の状態で見極めるようにしてください。

□ 本書で使用している強力粉は「キタノカオリ」です。そのため、少し黄色い仕上がりが特徴です。

□ 電気オーブンの焼き時間を基本としています。ガスオーブンは火力が強いので、温度を10℃下げたほうがいい場合があります。
　機種によって焼き加減に差がありますので、ご家庭のオーブンのクセをつかみましょう。
　焼き色にムラがある場合は、途中でパンの位置を前後入れ替えることで焼き色が均一になります。

□ オーブンは焼く前に設定温度に予熱しておきましょう。

□ 小さじ1＝5㎖、大さじ1＝15㎖です。

sourdough

サワードゥを作ってみよう

サワードゥは「ライ麦粉や小麦粉に水を混ぜる」を5〜10日繰り返して完成させます。
私のサワードゥ作りは、捨てずに（捨てるなんて、もったいない！）エサやり
（粉と水を足すこと）を続けて作ります。夏は早めに完成し、冬は少し時間がかかるというように、
温度や環境によってでき上がるまでの日数に違いがあります。
3つのタイプを紹介するので、お好みのものにチャレンジを。

【＊写真は3月上旬に作ったときのもの。でき上がりまでの日数も、香りや膨らみ加減もあくまで目安です】

最初に用意するもの

材料

ライ麦粉 …… 50g
水（浄水）…… 50㎖

道具

・保存容器　容量1.2ℓ程度のもの
　（横からも見える、透明のものが
　おすすめ。口が広いと混ぜやすい）
・ゴムべら

準備

・保存容器、ゴムべらなどは
　煮沸するか、アルコールで拭くか
　熱湯をかけて消毒する

ライ麦サワードゥ

発酵が進みやすく、
作りやすい「ライ麦粉で作るサワードゥ」。
ずっしりとかみごたえのあるパンになります。

作り方

1日目

保存容器に分量のライ麦粉、水を入れる。
デジタルスケールで量りながらでもよいが、
水は入れすぎないよう、あらかじめ計量
してから加えたほうが安心。

水分が全体に行き渡るまで、ゴムべら
で下からよく混ぜ合わせる。

上から見ると、こんな感じ。セメントを
混ぜたような状態。

ふたをのせて（きっちり閉めない）常温に
おく。発酵菌の活動が活発な25〜
30℃くらいの暖かいところがベスト。

1 毎日、同じ時間にエサやりをする

2 25〜30℃の暖かいところにおく

3 雑菌が入らないよう、清潔な容器やへらを使う

4 混ぜるときは下から全体に混ぜる

2日目

見た目には特に変化なし。干し草のような野草茶のような、海藻の香りを強烈にしたような、いいにおいとはいいがたい香り。

ライ麦粉50g、水50㎖を加え、よく混ぜる。発酵菌は底のほうに多く発生しやすいので、混ぜるときは下から全体に混ぜること。

ふたをのせ、常温におく。1日目同様、部屋の暖かいところ、25〜30℃のところがよい。

3日目

少し気泡が出始める。色は少し白っぽくなっている。前日までのじゃりじゃり感が消えて全体になじみ、干し草の香りが少し弱まる。

ライ麦粉50g、水50㎖を加え、下から全体によく混ぜ、平らにならす。混ぜたときに、中にも気泡ができているのがわかる。

表面を平らにならし、ふたをのせて常温におく。

4日目

少しふっくらとし、気泡の数が増えている。混ぜるとスフレのように泡がすぐ消えて、かさが減る。生地の中にも気泡ができているのがわかる。

上から見ても、ほんの少しふっくらとしている。干し草臭が少しやわらいだような香り。

ライ麦粉50g、水50㎖を加え、下から全体によく混ぜ合わせ、平らにならす。ふたをのせて常温におく。

5日目

かなり膨らんでくる。大きい気泡、小さい気泡ともに増え、ふっくらとしてやわらかくなっている。

水分を含んでやわらかくなり、少し白っぽくなってくる。少しずつ酸味のある香りも出てくる。

ライ麦粉50g、水50㎖を加え、下から全体によく混ぜ合わせ、平らにならす。ふたをのせて常温におく。

6日目

横から見ても上下から見ても気泡が出ていればでき上がり。気泡が少ない場合は、ライ麦粉50gと水50㎖を足すのをさらに1〜5日続ける。

ゴムべらで持ち上げると、ポソッと切れる感じ。とろりとゆるい場合は、ライ麦粉のみを少し足し、ふたをのせて常温におくとよい。

完成後

●完成後すぐにパン作りに使える。保存は冷蔵庫へ。週に二度はエサやり（ライ麦粉50g、水50㎖を加えて混ぜる。頻繁に作らない場合はライ麦粉25g、水25㎖を加えて混ぜる）をし、安定する1か月後からは週に一度のエサやりを。パンを仕込む前日に冷蔵庫から出し、エサやりをして元気にしてから使う。※p.36も参照

●冷蔵保存後、気泡が少なくなった場合は「サワードゥの上部を半分くらい取り除き、ライ麦粉50g、水50㎖を混ぜる」を2〜3日繰り返すと、復活する。取り除いたサワードゥは、パンケーキやクッキー（p.78、79）にするといい。

※サワードゥ作りで疑問を感じたら、p.84のQ&Aページを見てください。

6日目〜

sourdough ライ麦サワードゥ

気泡が全体にたくさんできて、
ぬか漬けのような酸味のある香りになったら、
サワードゥの完成！

全粒粉サワードゥ

ライ麦同様、発酵しやすいサワードゥ。
プチプチとした歯ごたえと香ばしさが特徴で、
素朴な味わいが楽しめます。

最初に用意するもの

材料

強力全粒粉 …… 50g
水（浄水） …… 40㎖

道具

・保存容器　容量1.2ℓ程度のもの
　（横からも見える、透明のものがおすすめ。口が広いと混ぜやすい）
・ゴムべら

準備

・保存容器、ゴムべらなどは煮沸するか、
　アルコールで拭くか熱湯をかけて消毒する。

作り方

1日目

保存容器に分量の強力全粒粉、水を入れる。ゴムべらで粉っぽさがなくなるまでよく混ぜる。草っぽい香り。

ふたをのせ（きっちり閉めない）、常温におく。

2日目

見た目の変化はあまりない。草の香りが強くなっている。強力全粒粉50g、水40㎖を加え、全体に混ぜる。ふたをのせ、常温におく。

3日目

少し気泡が出てきて、干し草のような強烈な香り。強力全粒粉50g、水40㎖を加え、全体に混ぜる。ふたをのせ、常温におく。

4日目

上からも気泡が出てきて、混ぜると中にも気泡があるのがわかる。においは干し草の強烈な香り。強力全粒粉50g、水40㎖を加え、全体に混ぜる。ふたをのせ、常温におく。

5日目

急に膨らんできて、気泡も増える。香りは少し酸っぱく変化。強力全粒粉50g、水40㎖を加え、全体に混ぜる。ふたをのせ、常温におく。

6日目

さらに膨らんできて、横から見ても上から見ても気泡が全体に出てきたらでき上がり。香りは少し酸っぱい。ゴムべらで持ち上げると、水分を含みながらもポソッと切れるくらい。

●完成後の手入れは
← p.10の右下参照

12

強力粉サワードゥ

精製により、菌活動に必要な酵素や栄養分が少ないため発酵しにくいが、クセがなく食べやすい。
他のドゥよりも完成に時間がかかる場合も。

最初に用意するもの

材 料

強力粉 …… 50g
水（浄水）…… 35㎖

道具

・保存容器　容量1.2ℓ程度のもの
（横からも見える、透明のものがおすすめ。口が広いと混ぜやすい）
・ゴムべら

準備

・保存容器、ゴムべらなどは煮沸するか、
アルコールで拭くか熱湯をかけて消毒する。

作り方

1日目

保存容器に分量の強力粉、水を入れ、ゴムべらで粉っぽさがなくなるまでよく混ぜる。水分が少ないため、混ぜにくい。上から見るとだんごの状態に近い。粉そのものの香り。

ふたをのせ（きっちり閉めない）、常温におく。

2日目

べたっとした感じ。状態、香りにはそれほど変化なし。強力粉50g、水35㎖を加え、全体に混ぜる。水分が少なく混ぜにくいが、下からよく混ぜ、ふたをのせて常温におく。

3日目

横から見ると、ほんの少し気泡が出てきた。強力粉50g、水35㎖を加え、全体に混ぜる。ふたをのせ、常温におく。

4日目

横からだけでなく、上からも気泡が出てくる。混ぜるとフツフツと動き、少しねっとり。強力粉50g、水35㎖を加え、全体に混ぜる。ふたをのせ、常温におく。

5日目

気泡が全体的に増えてくる。強力粉50g、水35㎖を加え、全体に混ぜる。ふたをのせ、常温におく。

6日目

一気に膨れてきて、アルコールっぽい香りがする。気泡が全体に出てきたら、でき上がり。ゴムべらですくうと、とろ〜りとのびる。

●完成後の手入れは
← p.10の右下参照

sourdough bread | サワードゥ ブレッドを作ろう

パン・ド・カンパーニュを例に挙げ、作り方を紹介します。
この作り方を覚えてしまえば、成形を変え、具を加えるだけで、いろいろなパンが作れます。
まずは、3種類の中の好みのサワードゥで作ってみましょう。

＊ここではライ麦サワードゥを使って解説しています。

作り方

混ぜる

1 ボウルにAを入れ、泡立て器でよく混ぜ合わせる。

2 1に強力粉をふるい入れ、カードで少しずつ混ぜ合わせる。粉に少しずつ水を含ませていくようなイメージ。

3 粉っぽさがほぼなくなったら、混ぜ終わり。

4 ラップまたはぬれぶきんをかけ、10分ほど常温におく。生地を休ませ、全体になじませるのが目的。

材料 〔1個分〕	A	好みのサワードゥ …… 100g	強力粉 …… 150g
		水 …… 100㎖	打ち粉 …… 適量
		塩 …… 4g	
		砂糖 …… 8g	

＊発酵時の保存容器は、ふたつきの 12 × 12 ×高さ6㎝程度のものを。

＊強力粉サワードゥの場合は、二次発酵で使用するふきんは麻素材の目の粗いものがおすすめ。生地がふきんにつきにくくなります。

一次発酵

5 カードで生地をすくい上げ、のばすように折りたたむ、を5〜6回繰り返す。これも、粉と水をよくつなげて生地をなじませるため。

6 保存容器に入れ、ふたをして冷蔵庫の野菜室に7〜24時間おく。時間をかけると粉のうまみが引き出され、生地がだれない。

7 一次発酵後。1.2〜1.5倍に膨らんだら一次発酵完了。一次発酵は、低温で長時間発酵させて粉の風味を生かすことが目的。

成形

8 7に打ち粉を生地が見えなくなるくらい、たっぷりふる。生地が水っぽい場合はさらに多めにふる。

サワードゥ ブレッドを
作ろう

9 保存容器の四つの壁面に沿ってカード
を差し込み、容器を逆さにして生地を
こね台に取り出す。気泡をつぶさない
ように底にもカードを入れると取り出
しやすい。

10 取り出した生地。発酵して網目状になっ
ているのがわかる。

11 生地の下に手を入れ、気泡をつぶさな
いように軽くのばして長方形にし、奥と
手前から生地を折って三つ折りにする。

12 生地の合わせ目をつまんでとじる。

13 生地の向きを90度変え、再び三つ折り
にし、生地の合わせ目をつまんでとじる。

14 生地を裏返し、表面に打ち粉をふる。
表面がつるりと張るように縁をのばして
底に送り込み、合わせ目をしっかりとじ
て丸める。

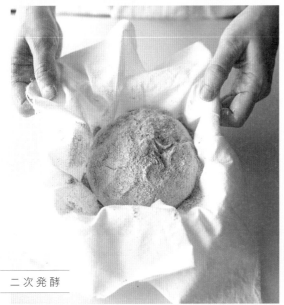

二次発酵

15 保存容器に乾いた目の粗いふきんを敷き、打ち
粉を底と側面に多めにふり、14を生地のとじ
目を上にして入れ、ふたをのせて常温におく。【＊
強力粉サワードゥの場合は、目の粗い麻のふきんを使う。】

16 4〜5時間して、生地が1.5〜2倍に膨
らんだら二次発酵完了（オーブンの発
酵機能30℃で約3時間）。冬場は暖か
い部屋において発酵を促す。

焼く

17 下段の天板（またはバット）に湯適量（分量外）を入れ、オーブンを250℃に予熱する。別の天板にオーブンシートを敷いて**16**の保存容器を返して生地を取り出し、そっとふきんをはがす。茶こしで打ち粉を均一にふる。

18 ナイフでクープ（切り込み）を入れる。クープを入れるときのコツは、ナイフで押さずにスーッと引くこと。約7〜8mm深さまで入れる。

19 250℃に予熱したオーブンに**18**を天板ごと入れ、庫内の上部と側面に向かって水適量（分量外）を霧吹きで4〜5回吹きつけ、30〜35分焼く。

20 焼き上がり。オーブンからパンを取り出し、網の上などにのせ、冷めてから切る。

※p.86のQ&Aも参考にしてください。

ライ麦サワードゥのパン・ド・カンパーニュ

焼き込まれた香ばしい皮。
酸味と強いうまみが
口いっぱいに広がります。

全粒粉サワードゥのパン・ド・カンパーニュ

（全粒粉サワードゥを使い、p.14〜18同様に作る。クープは縦に3本）

ぷちっとした食感が持ち味。
はっきりとした酸味と香ばしさが
アクセントになります。

強力粉サワードゥのパン・ド・カンパーニュ

（強力粉サワードゥを使い、p.14〜18同様に作る。クープは格子状に入れる）

しっかりしたクラスト（皮）と
ふっくらしっとりのクラム（中身）。
やさしい酸味と小麦粉の風味がたまりません。

パン・ド・カンパーニュのおすすめの食べ方

パン・ド・カンパーニュは直訳すると「田舎パン」。その名のとおり、素朴な味わいが人気で私も大好き。中でも好きな食べ方は、軽くトーストし、大きめに切った発酵バター、アンチョビをのせること。アンチョビの強い塩気が発酵バターの風味と相まり、これだけでワインが2杯は飲めます！　そのほかリエットを塗ったり、チーズをのせてはちみつをかけてもいいですね。シンプルにハムとチーズの組み合わせ、バター＆はちみつも捨てがたい……。とにかく、食事とよく合うパンなのです。今回紹介した3種類のパン・ド・カンパーニュのどれでも、これらの食べ方でおいしくいただけます。

part | 1 simple
bread

シンプルブレッド

プレーン生地で作るパンをご紹介します。
人気のパン・ド・ミをはじめ、作りやすいチャバタや食事にぴったりのピッツァまで。
サワードゥならではの生地のおいしさが充分に感じられるパンばかりです。

ciabatta

チャバタ

その形から、イタリア語で「チャバタ（スリッパの意）」と名づけられたとか。
二次発酵なしで、切りっぱなしで焼けるので手軽です。
外はサクッと、中はもちっ！

材料　〔 4個分 〕
＊おすすめのサワードゥ：ライ麦、全粒粉、強力粉

A ┌ 全粒粉サワードゥ（p.12）…… 100g
　│ 水 …… 120㎖
　│ 塩 …… 4g
　└ 砂糖 …… 8g
強力粉 …… 150g
打ち粉 …… 適量

作り方　＊混ぜる〜成形の途中まで、
p.14〜17の **1〜13** の写真を参考にする

混ぜる

1　ボウルにAを入れ、泡立て器でよく混ぜ合わせる。強力粉をふるい入れ、カードで少しずつ、粉っぽさがほぼなくなるまで混ぜ合わせる。

2　ラップまたはぬれぶきんをかけ、10分ほど常温におく。

一次発酵

3　カードで生地をすくい上げ、5〜6回折りたたむ。

4　保存容器に入れ、ふたをして冷蔵庫の野菜室に7〜24時間おき、1.2〜1.5倍に発酵させる。

成形

5　4に打ち粉をふり、保存容器の四つの壁面にカードを差し込み、容器を逆さにして生地をこね台に取り出す。

6　生地の下に手を入れ、気泡をつぶさないように軽くのばして長方形にし、奥と手前から生地を折って三つ折り、向きを変えて三つ折りにし、合わせ目をとじる。

焼く

7　下段の天板（またはバット）に湯適量（分量外）を入れ、オーブンを250℃に予熱する。

8　6の生地を裏返し、カードで4分割する⒜。

9　天板にオーブンシートを敷いて8をのせ、ざるや茶こしで打ち粉をして⒝ナイフで斜めに1本、7〜8㎜深さにクープを入れる⒞。

10　9の天板をオーブンに入れ、庫内の上部と側面に向かって水適量（分量外）を霧吹きで4〜5回吹きつけ、250℃で20分焼く。

pain de mie

パン・ド・ミ

毎朝食べたい、ふっくら、もっちりのパン・ド・ミ。
クラストのカリッと感が、クラムのしっとり感を際立たせます。
はちみつとバターの甘い香りがふわ～っと口いっぱいに！

材 料 〔 18×8×高さ6cmのパウンド型1台分 〕
＊おすすめのサワードゥ：全粒粉、強力粉

A 強力粉サワードゥ（p.13）…… 120g
　牛乳 …… 80mℓ
　水 …… 60mℓ
　塩 …… 4g
　砂糖 …… 20g
　はちみつ …… 8g
バター（食塩不使用）…… 15g
強力粉 …… 200g
打ち粉 …… 適量

準 備

・バターは湯煎または電子レンジで加熱し、溶かしバターにする
・オーブンシートを型に合わせて切り、型に敷いておく

成 形

5 4に打ち粉をふり、保存容器の四つの壁面にカードを差し込み、容器を逆さにして生地をこね台に取り出す。

6 生地の下に手を入れ、気泡をつぶさないように軽くのばして長方形にし、奥と手前から生地を折って三つ折り、向きを変えて三つ折りにし、合わせ目をとじる。

7 生地を裏返してカードで2分割し、一つずつ表面がつるりと張るように縁をのばして底に送り込み⒜、合わせ目をとじて⒝丸める。

作り方 ＊混ぜる〜成形の途中まで、
p.14〜17の **1**〜**13** の写真を参考にする

混 ぜ る

1 ボウルにA、溶かしバターを入れ、泡立て器でよく混ぜ合わせる。強力粉をふるい入れ、カードで少しずつ、粉っぽさがほぼなくなるまで混ぜ合わせる。

2 ラップまたはぬれぶきんをかけ、10分ほど常温におく。

一 次 発 酵

3 カードで生地をすくい上げ、5〜6回折りたたむ。

4 保存容器に入れ、ふたをして冷蔵庫の野菜室に7〜24時間おき、1.2〜1.5倍に発酵させる。

二 次 発 酵

8 オーブンシートを敷いた型に7を入れ⒞、ぬれぶきんをかけて1.5〜2倍に発酵させる（常温で4〜5時間、オーブンの発酵機能30℃で約3時間）。発酵後⒟。

焼 く

9 下段の天板（またはバット）に湯適量（分量外）を入れ、オーブンを220℃に予熱する。

10 天板に8をのせてオーブンに入れ、庫内の上部と側面に向かって水適量（分量外）を霧吹きで4〜5回吹きつけ、220℃で30〜35分焼く。型から取り出し、冷ます。

focaccia

フォカッチャ

サワードゥで作ったフォカッチャは、
いつもよりも少しずっしりとした食べごたえ。
成形で穴をあけるとき、指をぐっと下まで入れるのがコツです。

材料　〔1個分〕
＊おすすめのサワードゥ：ライ麦、全粒粉、強力粉

A ┌ 全粒粉サワードゥ（p.12）…… 100g
　│ 水 …… 120mℓ
　│ 塩 …… 4g
　└ オリーブ油 …… 10g
強力粉 …… 150g
打ち粉 …… 適量
《トッピング》
　オリーブ油、粗塩、ローズマリー …… 各適量

作り方　＊混ぜる〜成形の途中まで、
p.14〜16の **1**〜**10** の写真を参考にする

混ぜる

1　ボウルにAを入れ、泡立て器でよく混ぜ合わせる。強力粉をふるい入れ、カードで少しずつ、粉っぽさがほぼなくなるまで混ぜ合わせる。

2　ラップまたはぬれぶきんをかけ、10分ほど常温におく。

一次発酵

3　カードで生地をすくい上げ、5〜6回折りたたむ。

4　保存容器に入れ、ふたをして冷蔵庫の野菜室に7〜24時間おき、1.2〜1.5倍に発酵させる。

成形

5　4に打ち粉をふり、保存容器の四つの壁面にカードを差し込む。容器を逆さにしてオーブンシートを敷いた天板に取り出す。

6　生地の下に手を入れ、中心から四隅に向かって厚さを均一にするように20cm四方にのばす。

7　オリーブ油少々をかけ、指を下までしっかり入れて穴をあけⓐ、オリーブ油をかけⓑ、粗塩とローズマリーをのせるⓒ。

焼く

8　オーブンを220℃に予熱する。

9　7の天板をオーブンに入れ、庫内の上部と側面に向かって水適量（分量外）を霧吹きで4〜5回吹きつけ、220℃で20〜25分焼く。

ⓐ　ⓑ　ⓒ

bagel

ベーグル

独特のむっちり食感は焼く前にゆでるから。
コツは、表面が静かに揺れるくらいの湯でゆでること、
ゆでたらすぐに焼くことの2つ!

材料	〔4個分〕

＊おすすめのサワードゥ：全粒粉、強力粉

A ┌ 全粒粉サワードゥ（p.12）…… 100g
　│ 水 …… 120㎖
　│ 塩 …… 4g
　└ 砂糖（できればきび砂糖）…… 8g
強力粉 …… 150g
打ち粉 …… 適量

準備

・オーブンシートを15×15㎝に4枚切っておく

作り方	＊混ぜる〜成形の途中まで、 p.14〜17の **1** 〜 **13** の写真を参考にする

混ぜる

1 ボウルにAを入れ、泡立て器でよく混ぜ合わせる。強力粉をふるい入れ、カードで少しずつ、粉っぽさがほぼなくなるまで混ぜ合わせる。

2 ラップまたはぬれぶきんをかけ、10分ほど常温におく。

一次発酵

3 カードで生地をすくい上げ、5〜6回折りたたむ。

4 保存容器に入れ、ふたをして冷蔵庫の野菜室に7〜24時間おき、1.2〜1.5倍に発酵させる。

成形

5 **4** に打ち粉をふり、保存容器の四つの壁面にカードを差し込む。容器を逆さにしてこね台に取り出す。

6 生地の下に手を入れ、気泡をつぶさないように軽くのばして長方形にし、奥と手前から生地を折って三つ折りにし、向きを変えて三つ折りにし、合わせ目をとじる。

7 生地を裏返してカードで4分割し、ぬれぶきんまたはラップをかけて10分ほど休ませる。

8 生地を手で細長くのばし、向こう側から手前にきつめに巻き⒜、一定の太さで約20㎝長さの棒状になるよう、台の上で転がす⒝。片端を手のひらでぎゅっと押して平らにし、平らにしたほうでもう片端を包み込むようにして⒞、しっかり結合させてリング形にする⒟。用意したオーブンシートに一つずつのせる。

二次発酵

9 ぬれぶきんをかけ、1.5〜2倍に発酵させる（常温で4〜5時間、オーブンの発酵機能30℃で約3時間）。

ゆでて焼く

10 下段の天板（またはバット）に湯適量（分量外）を入れ、オーブンを210℃に予熱する。

11 鍋に2ℓの湯を沸かしてきび砂糖大さじ1（分量外）を入れ、グラグラと煮立つ手前の静かに揺れるくらい（85〜90℃）に沸かす。**9** をオーブンシートごと入れ、片面30秒ずつゆでる⒠。

12 天板にオーブンシートを敷いて **11** を並べ⒡、庫内の上部と側面に向かって水適量（分量外）を霧吹きで4〜5回吹きつけ、210℃で20〜25分焼く。

pizza

ピッツァ

もちっとして、端っこはカリッ! がサワードゥのピッツァ。
余計なものが入っていない生地はかみしめるごとにおいしく、
トッピングの味も最大限に生かしてくれます。

材料 〔1枚分〕
＊おすすめのサワードゥ：全粒粉、強力粉

A ┌ 強力粉サワードゥ（p.13）…… 100g
　│ 水 …… 120mℓ
　│ 塩 …… 4g
　└ 砂糖 …… 8g
強力粉 …… 150g
打ち粉 …… 適量
《トッピング》
　モッツァレラチーズ …… 1個
　トマトソース、バジル、オリーブ油 …… 各適量

作り方 ＊混ぜる〜成形の途中まで、
p.14〜16の**1〜10**の写真を参考にする

混ぜる

1 ボウルにAを入れ、泡立て器でよく混ぜ合わせる。強力粉をふるい入れ、カードで少しずつ、粉っぽさがほぼなくなるまで混ぜ合わせる。

2 ラップまたはぬれぶきんをかけ、10分ほど常温におく。

一次発酵

3 カードで生地をすくい上げ、5〜6回折りたたむ。

4 保存容器に入れ、ふたをして冷蔵庫の野菜室に7〜24時間おき、1.2〜1.5倍に発酵させる。

成形

5 4に打ち粉をふり、保存容器の四つの壁面にカードを差し込む。容器を逆さにしてオーブンシートを敷いた天板に取り出す。

6 生地の下に手を入れ、中心から四隅に向かって厚さを均一にするようにし、手で25cm四方にのばすⓐ。

焼く

7 オーブンを250℃に予熱する。

8 6にトマトソースを塗り、モッツァレラチーズ、バジルをちぎってのせⓑ、オリーブ油をかけてⓒオーブンに入れ、250℃で10〜15分焼く。

トマトソース　材料 〔作りやすい分量〕

トマトの水煮 …… 1缶（400g）
にんにく（つぶす）…… 1かけ
赤唐辛子 …… 1本
ローリエ …… 1枚
塩 …… 少々

作り方

1 鍋にトマトの水煮、にんにく、赤唐辛子、ローリエを入れて中火にかけ、焦げないように混ぜながら約10分煮る。半量になったら、塩で調味する。

english muffin

イングリッシュマフィン

膨らみすぎないよう、生地に天板をのせて焼き上げます。
本場イギリスでは、フォークで刺して穴をあけて
二つに割り、軽くトーストして食べるのだとか。

材料 〔4個分〕
＊おすすめのサワードゥ：全粒粉、強力粉

A ┌ 強力粉サワードゥ（p.13）…… 100g
　│ 水 …… 100㎖
　│ 塩 …… 4g
　└ 砂糖 …… 8g
バター（食塩不使用）…… 10g
強力粉 …… 150g
打ち粉 …… 適量
コーンミール …… 適量

準備

・バターは湯煎または電子レンジで加熱し、
　溶かしバターにする

作り方 ＊混ぜる〜成形の途中まで、
p.14〜17の**1**〜**13**の写真を参考にする

混ぜる

1 ボウルにA、溶かしバターを入れ、泡立て器で
　よく混ぜ合わせる。強力粉をふるい入れ、カー
　ドで少しずつ、粉っぽさがほぼなくなるまで混
　ぜ合わせる。

2 ラップまたはぬれぶきんをかけ、10分ほど常温
　におく。

一次発酵

3 カードで生地をすくい上げ、5〜6回折りたたむ。

4 保存容器に入れ、ふたをして冷蔵庫の野菜室に
　7〜24時間おき、1.2〜1.5倍に発酵させる。

成形

5 4に打ち粉をふり、保存容器の四つの壁面にカー
　ドを差し込む。容器を逆さにしてこね台に取り
　出す。

6 生地の下に手を入れ、気泡をつぶさないように
　軽くのばして長方形にし、奥と手前から生地を
　折って三つ折り、向きを変えて三つ折りにし、
　合わせ目をとじる。

7 生地を裏返してカードで4分割し、一つずつ表
　面がつるりと張るように縁をのばして底に送り
　込み、合わせ目をとじて丸め⒜、ぬれぶきんを
　かけて10分ほど休ませる。

8 コーンミールをまんべんなくつける⒝。つかな
　い場合は少し水をつけるとよい。

二次発酵

9 オーブンシートを敷いた天板にのせ、ぬれぶき
　んをかけて、1.5〜2倍に発酵させる（常温で4
　〜5時間、オーブンの発酵機能30℃で約3時間）。

焼く

10 オーブンを210℃に予熱する。

11 アルミホイルを約2.5㎝大に丸めて三つ作り、9
　の天板におく⒞。この上に天板の大きさに合わ
　せて切ったオーブンシート、別の天板を順にの
　せて生地が高く膨らまないようにし、210℃で
　25分焼く。

サワードゥの世話＆パン作りのスケジュール

サワードゥは一度完成までたどり着いてしまえばそれ以降はずっと使える、とても便利な発酵種です。ただし、サワードゥは生き物なので、週に1回のエサやりを忘れずに！（作り始め1か月は週に2回）　エサやりとは、指定量の「粉と水を加える」こと（下記参照）。冷蔵庫から出したサワードゥの水分が少しゆるく感じたら、水分量を少なめに加えるといいでしょう。この作業はパンを仕込まなくても、行ってくださいね（エサやりしたら1日常温においてから冷蔵庫へ）。冷蔵庫で保存している間は、サワードゥは休眠状態。冷蔵庫から出したら、起きたばかりのおなかがすいているサワードゥにエサを与える、そんなイメージです。

パンを仕込むときも同様にエサやりをします。パンを仕込む前日に冷蔵庫から出し、エサやりをし、そして次の日にパンの仕込みに入ります。パンを食べたい日から逆算して冷蔵庫から出してください。

「パン作り」のスケジュール

パンを焼く2日前（サワードゥのエサやり日）

● サワードゥを冷蔵庫から出し、エサやりをする
　ライ麦サワードゥ→　ライ麦粉50g＋水50㎖
　全粒粉サワードゥ→　強力全粒粉50g＋水40㎖
　強力粉サワードゥ→　強力粉50g＋水35㎖
　（粉と水は、それぞれ半量ずつでもOK）

● ふたをのせて常温におく

パンを焼く1日前（パンを仕込む日）

● サワードゥを計量
（使わない分はふたをして冷蔵庫に保存）

混ぜる

水、塩、砂糖などを混ぜ、さらに粉を混ぜる

一次発酵

冷蔵庫の野菜室に7〜24時間おく
＊一次発酵を早い時間に行えば、その日に焼くことも可能

パンを焼く日

成形

一次発酵させた生地を冷蔵庫から出し、成形

二次発酵

チャバタ、フォカッチャ、ピッツァは二次発酵なし

焼く

part | 2

arrange
bread

アレンジブレッド

生地に具材を混ぜ込んだり、包み込んだりするパンです。
ナッツ類やドライフルーツを混ぜ込んだパンは、ワインとともに楽しむのもおすすめ。
カレーパンやあんパンなどの日本のパンも、サワードゥでおいしく作れます。

pain aux noix

パン・オ・ノア

ノアはフランス語でくるみのこと。
コリコリ食感をアクセントにしたパンです。
粉以外を先に合わせ、最後に粉を加えると全体になじみます。

材料 〔1個分〕
＊おすすめのサワードゥ：ライ麦、全粒粉、強力粉

A ┌ ライ麦サワードゥ（p.8）…… 100g
  │ 水 …… 100㎖
  │ 塩 …… 4g
  └ 砂糖 …… 8g
くるみ（ローストタイプ）…… 60g
強力粉 …… 150g
打ち粉 …… 適量

準 備

・くるみは粗く刻む

作り方 ＊混ぜる〜成形の途中まで、
     p.14〜17の**1**〜**14**の写真を参考にする

混ぜる

1 ボウルにAを入れ、泡立て器でよく混ぜ合わせる。

2 くるみを加えて@さっと混ぜ、強力粉をふるい
  入れ、カードで少しずつ、粉っぽさがほぼなく
  なるまで混ぜ合わせる。

3 ラップまたはぬれぶきんをかけ、10分ほど常温
  におく。

一次発酵

4 カードで生地をすくい上げ、5〜6回折りたたみ、
  粉と水分をつなぎ合わせるⓑ。

5 保存容器に入れ、ふたをして冷蔵庫の野菜室に
  7〜24時間おき、1.2〜1.5倍に発酵させる。

成 形

6 **5**に打ち粉をふり、保存容器の四つの壁面にカー
  ドを差し込み、容器を逆さにして生地をこね台
  に取り出す。

7 生地の下に手を入れ、気泡をつぶさないように
  軽くのばして長方形にし、奥と手前から生地を
  折って三つ折り、向きを変えて三つ折りにして
  合わせ目をとじる。生地を裏返し、丸く成形する。

二次発酵

8 天板にオーブンシートを敷いて**7**をのせ、ぬれ
  ぶきんをかけ、1.5〜2倍に発酵させる（常温で4
  〜5時間、オーブンの発酵機能30℃で約3時間）。

焼く

9 下段の天板（またはバット）に湯適量（分量外）
  を入れ、オーブンを250℃に予熱する。

10 **8**にざるや茶こしで打ち粉をして、ナイフで中
   央に1本クープを入れる©。

11 **10**の天板をオーブンに入れ、庫内の上部と側面
   に向かって水適量（分量外）を霧吹きで4〜5回
   吹きつけ、250℃で30〜35分焼く（焼き上がり@）。

a   b   c   d

pain aux figues

パン・オ・フィグ

ドライいちじくを主役に、ひまわりの種、クミンも一緒に練り込みました。
濃厚な甘みとぷちっとした食感、スパイシーな香りがワインとも相性よし。
好みのナッツにかえてもOK。

材料 〔1個分〕
＊おすすめのサワードゥ：ライ麦、全粒粉、強力粉

A ┌ 全粒粉サワードゥ(p.12) …… 100g
  │ 水 …… 100㎖
  │ 塩 …… 4g
  └ 砂糖 …… 8g
ドライいちじく …… 50g
ひまわりの種 …… 30g
クミンシード …… 小さじ1
強力粉 …… 150g
打ち粉 …… 適量

準備

・ドライいちじくは粗く刻む

作り方 ＊混ぜる〜成形の途中まで、
p.14〜17の**1**〜**13**の写真を参考にする

混ぜる

1 ボウルにAを入れ、泡立て器でよく混ぜ合わせる。

2 ドライいちじく、ひまわりの種、クミンシードを加えてさっと混ぜ、強力粉をふるい入れ、カードで少しずつ、粉っぽさがほぼなくなるまで混ぜ合わせる。

3 ラップまたはぬれぶきんをかけ、10分ほど常温におく。

一次発酵

4 カードで生地をすくい上げ、5〜6回折りたたむ。

5 保存容器に入れ、ふたをして冷蔵庫の野菜室に7〜24時間おき、1.2〜1.5倍に発酵させる。

成形

6 **5**に打ち粉をふり、保存容器の四つの壁面にカードを差し込み、容器を逆さにして生地をこね台に取り出す。

7 生地の下に手を入れ、気泡をつぶさないように軽くのばして長方形にし、奥と手前から生地を折って三つ折り、向きを変えて三つ折りにして合わせ目をとじる。生地を裏返し、楕円形に丸める。

二次発酵

8 天板にオーブンシートを敷いて**7**をのせ、ぬれぶきんをかけ、1.5〜2倍に発酵させる(常温で4〜5時間、オーブンの発酵機能30℃で約3時間)。

焼く

9 下段の天板(またはバット)に湯適量(分量外)を入れ、オーブンを250℃に予熱する。

10 **8**にざるや茶こしで打ち粉をして、ナイフで中央に横長に1本クープを入れる。

11 **10**の天板をオーブンに入れ、庫内の上部と側面に向かって水適量(分量外)を霧吹きで4〜5回吹きつけ、250℃で30〜35分焼く。

pain aux fruits

パン・オ・フリュイ

ドライクランベリーとレーズン、ナッツ入り。
フルーツの甘みはパンの酸味をを引き立てます。
レーズンと相性抜群のバターをのせて食べるとおいしさひときわ！

材料 〔4個分〕
＊おすすめのサワードゥ：ライ麦、全粒粉、強力粉

A ┌ ライ麦サワードゥ(p.8) …… 100g
  │ 水 …… 90㎖
  │ 塩 …… 4g
  └ 砂糖 …… 8g
ドライクランベリー …… 30g
レーズン …… 30g
ミックスナッツ …… 40g
強力粉 …… 150g
打ち粉 …… 適量

準備

・ミックスナッツはフライパンで
　香りが立つまで煎って冷まし、粗く刻む

作り方 ＊混ぜる～成形の途中まで、
p.14～17の **1**～**13**の写真を参考にする

混ぜる

1 ボウルにAを入れ、泡立て器でよく混ぜ合わせる。

2 ドライクランベリー、レーズン、ミックスナッツを加えてさっと混ぜ、強力粉をふるい入れ、カードで少しずつ、粉っぽさがほぼなくなるまで混ぜ合わせる。

3 ラップまたはぬれぶきんをかけ、10分ほど常温におく。

一次発酵

4 カードで生地をすくい上げ、5～6回折りたたむ。

5 保存容器に入れ、ふたをして冷蔵庫の野菜室に7～24時間おき、1.2～1.5倍に発酵させる。

成形

6 5に打ち粉をふり、保存容器の四つの壁面にカードを差し込み、容器を逆さにして生地をこね台に取り出す。

7 生地の下に手を入れ、気泡をつぶさないように軽くのばして長方形にし、奥と手前から生地を折って三つ折り、向きを変えて三つ折りにする。

8 生地を裏返してカードで4分割し、手で転がして細くのばし、軽くねじる。

二次発酵

9 天板にオーブンシートを敷いて8をのせ、ぬれぶきんをかけ、1.5～2倍に発酵させる（常温で4～5時間、オーブンの発酵機能30℃で約3時間）。

焼く

10 下段の天板（またはバット）に湯適量（分量外）を入れ、オーブンを220℃に予熱する。

11 9の天板をオーブンに入れ、庫内の上部と側面に向かって水適量（分量外）を霧吹きで4～5回吹きつけ、220℃で20～25分焼く。

pain au vin

パン・オ・ヴァン

赤ワインとくるみ、レーズンを練り込んだ
ほんのり赤く色づいたクラムが美しいパンです。
スパイスをきかせたら、より大人向きの味わいに。

材料 〔4個分〕
＊おすすめのサワードゥ：ライ麦、全粒粉、強力粉

A ┌ ライ麦サワードゥ（p.8）…… 100g
　│ 赤ワイン（好みのもの）…… 110mℓ
　│ 塩 …… 4g
　└ 砂糖 …… 8g
くるみ（ローストタイプ）…… 40g
レーズン …… 50g
強力粉 …… 150g
オールスパイス …… 小さじ1
打ち粉 …… 適量

準備

・くるみは粗く刻む

作り方 ＊混ぜる～成形の途中まで、
p.14～17の**1**～**13**の写真を参考にする

混ぜる

1 ボウルにAを入れ、泡立て器でよく混ぜ合わせる。

2 くるみ、レーズンを加えてさっと混ぜ、強力粉と
オールスパイスをふるい入れ、カードで少しずつ、
粉っぽさがほぼなくなるまで混ぜ合わせる。

3 ラップまたはぬれぶきんをかけ、10分ほど常温
におく。

一次発酵

4 カードで生地をすくい上げ、5～6回折りたたむ。

5 保存容器に入れ、ふたをして冷蔵庫の野菜室に
7～24時間おき、1.2～1.5倍に発酵させる。

成形

6 **5**に打ち粉をふり、保存容器の四つの壁面にカー
ドを差し込み、容器を逆さにして生地をこね台
に取り出す。

7 生地の下に手を入れ、気泡をつぶさないように
軽くのばして長方形にし、奥と手前から生地を
折って三つ折り、向きを変えて三つ折りにする。

8 生地を裏返してカードで4分割し、一つずつ表
面がつるりと張るように縁をのばして底に送り
込み、合わせ目をとじて丸める。

二次発酵

9 天板にオーブンシートを敷いて**8**をのせ、ぬれ
ぶきんをかけ、1.5～2倍に発酵させる（常温で4
～5時間、オーブンの発酵機能30℃で約3時間）。

焼く

10 下段の天板（またはバット）に湯適量（分量外）
を入れ、オーブンを220℃に予熱する。

11 **9**にざるや茶こしで打ち粉をして、ナイフで中
央に1本、クープを入れる。

12 **11**の天板をオーブンに入れ、庫内の上部と側
面に向かって水適量（分量外）を霧吹きで4～5
回吹きつけ、220℃で30～35分焼く。

pain au cacao

パン・オ・カカオ

ココアパウダーにカカオニブを加えたら、香り豊か。
甘さ控えめなので、食事パンとしてもいただけます。
ナッツが食感と見た目のアクセントに。

材料 〔1個分〕
＊おすすめのサワードゥ：ライ麦、全粒粉、強力粉

A｜全粒粉サワードゥ（p.12）…… 100g
　｜水 …… 100㎖
　｜塩 …… 4g
　｜砂糖 …… 8g
カシューナッツ …… 50g
カカオニブ …… 15g
強力粉 …… 150g
ココアパウダー …… 20g
打ち粉 …… 適量

準備

・カシューナッツはフライパンで香りが立つまで
　煎って冷まし、粗く刻む。

作り方 ＊混ぜる〜成形の途中まで、
p.14〜17の **1**〜**13**の写真を参考にする

混ぜる

1 ボウルにAを入れ、泡立て器でよく混ぜ合わせる。

2 カシューナッツ、カカオニブを入れてさっと混ぜ合わせ、強力粉、ココアパウダーをふるい入れ、カードで少しずつ、粉っぽさがほぼなくなるまで混ぜ合わせる。

3 ラップまたはぬれぶきんをかけ、10分ほど常温におく。

一次発酵

4 カードで生地をすくい上げ、5〜6回折りたたむ。

5 保存容器に入れ、ふたをして冷蔵庫の野菜室に7〜24時間おき、1.2〜1.5倍に発酵させる。

成形

6 5に打ち粉をふり、保存容器の四つの壁面にカードを差し込み、容器を逆さにして生地をこね台に取り出す。

7 生地の下に手を入れ、気泡をつぶさないように軽くのばして長方形にし、奥と手前から生地を折って三つ折り、向きを変えて三つ折りにして合わせ目をとじる。生地を裏返し、楕円形に丸める。

二次発酵

8 天板にオーブンシートを敷いて7をのせ、ぬれぶきんをかけ、1.5〜2倍に発酵させる（常温で4〜5時間、オーブンの発酵機能30℃で約3時間）。

焼く

9 下段の天板（またはバット）に湯適量（分量外）を入れ、オーブンを220℃に予熱する。

10 8にざるや茶こしで打ち粉をして、ナイフで中央に1本、そのサイドに5本ずつ斜めに（葉のように）クープを入れる。

11 10の天板をオーブンに入れ、庫内の上部と側面に向かって水適量（分量外）を霧吹きで4〜5回吹きつけ、220℃で30〜35分焼く。

roggen
vollkornbrot

ロッゲンフォルコンブロート

酸味が強く、ずっしり。ぼろぼろ食感のドイツのパン。
薄めに切って、チーズやバター、リエットなどを
たっぷり塗ると食べやすく、パンのおいしさが生きます。

材 料　〔 18×8×高さ6cmのパウンド型1台分 〕
＊おすすめのサワードゥ：ライ麦

A┌ ライ麦サワードゥ（p.8）…… 200g
　│ 水 …… 230㎖
　│ 塩 …… 6g
　└ 砂糖 …… 8g
シードミックス（または、ひまわりの種、
　オーツ麦、ごまを合わせて）…… 100g
ライ麦粉 …… 200g
打ち粉 …… 適量

準 備

・オーブンシートを型に合わせて切り、型に敷いておく

作り方　＊混ぜるは、p.14の**1**〜**2**の写真を参考にする

混ぜる

1 ボウルにA、シードミックスを入れ、泡立て器
でよく混ぜ合わせ、30分ほどおいてふやかす。

2 ライ麦粉をふるい入れ、カードで少しずつ、粉っ
ぽさがほぼなくなるまで混ぜ合わせる。

成形

3 オーブンシートを敷いた型に**2**の生地を入れ、
表面を平らにならし、ぬれぶきんをかける。

一次発酵

4 **3**が型の上まで膨らむまで発酵させる（常温で4
〜5時間、オーブンの発酵機能30℃で約3時間）。

焼く

5 オーブンを250℃に予熱する。

6 **4**の上部に打ち粉をまんべんなくふり、型をバッ
トにのせ、型に入らないようにバットに湯を注
ぐ。バットごと天板にのせ、250℃で60分湯煎
焼きにする。型から取り出し、しっかり冷まし
てから切る。そうしないと、切り口がダマにな
りやすい。

bacon epi

ベーコンエピ

その形のとおり、フランス語でエピは「麦の穂」のこと。
はさみで深めに切り込みを入れ、左右に広げていって形作ります。
ベーコンのうまみとマスタードの酸味がきいた、食事パンです。

材料 〔3個分〕
＊おすすめのサワードゥ：ライ麦、全粒粉、強力粉

A｜ 全粒粉サワードゥ（p.12）…… 100g
　｜ 水 …… 95㎖
　｜ 塩 …… 4g
　｜ 砂糖 …… 8g
強力粉 …… 150g
打ち粉 …… 適量
《フィリング》
　ベーコン …… 6枚
　粒マスタード …… 適量

作り方 ＊混ぜる〜成形の途中まで、
p.14〜17の **1**〜**13** の写真を参考にする

混ぜる

1 ボウルにAを入れ、泡立て器でよく混ぜ合わせ
る。強力粉をふるい入れ、カードで少しずつ、
粉っぽさがほぼなくなるまで混ぜ合わせる。

2 ラップまたはぬれぶきんをかけ、10分ほど常温
におく。

一次発酵

3 カードで生地をすくい上げ、5〜6回折りたたむ。

4 保存容器に入れ、ふたをして冷蔵庫の野菜室に
7〜24時間おき、1.2〜1.5倍に発酵させる。

成形

5 4に打ち粉をふり、保存容器の四つの壁面にカー
ドを差し込み、容器を逆さにして生地をこね台
に取り出す。

6 生地の下に手を入れ、気泡をつぶさないように
軽くのばして長方形にし、奥と手前から生地を
折って三つ折り、向きを変えて三つ折りにする。

7 生地を裏返してカードで3分割し、めん棒でベー
コンの長さに細長くのばし、ベーコンを2枚ず
つのせ、粒マスタードを塗るⓐ。

8 細長くなるように生地の端を合わせ、しっかり
とじるⓑ。

二次発酵

9 天板にオーブンシートを敷き、8の生地を裏返
してのせ（3個の間隔をあける）、ぬれぶきんを
かけ、約1.5倍に発酵させる（常温で4〜5時間、
オーブンの発酵機能30℃で約3時間）。

10 はさみで斜め45度に2〜3㎝間隔に深く切り込
みを入れⓒ（生地を切り落とさないよう注意）、
切った部分を左右交互に広げるⓓ。これを繰り
返し、穂が左右に出ているような形にする。

焼く

11 下段の天板（またはバット）に湯適量（分量外）
を入れ、オーブンを220℃に予熱する。

12 10の生地に高いところから水適量（分量外）を
霧吹きで4〜5回吹きつけ、ざるや茶こしでご
く薄く打ち粉をする。

13 12の天板をオーブンに入れ、庫内の上部と側面
に向かって水適量（分量外）を霧吹きで4〜5回
吹きつけ、220℃で15分焼く。

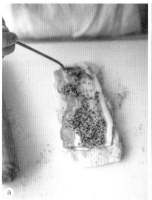   

a　　b　　c　　d

fougasse
aux olive

オリーブフーガス

葉っぱのようなユニークな形のフーガスはフランスのプロヴァンス地方のパンです。
オリーブをふんだんに入れた、もっちりさっくりした歯ごたえが特徴。
ワインのお供に。

材料 〔2個分〕
＊おすすめのサワードゥ：ライ麦、全粒粉、強力粉

A┌ ライ麦サワードゥ（p.8）…… 100g
　│ 水 …… 90㎖
　│ 塩 …… 4g
　│ 砂糖 …… 8g
　└ オリーブ油 …… 10g
強力粉 …… 150g
打ち粉 …… 適量
《 フィリング 》
　グリーンオリーブ（スライス）…… 70g

作り方 ＊混ぜる〜成形の途中まで、
p.14〜17の**1**〜**13**の写真を参考にする

混ぜる

1　ボウルにAを入れ、泡立て器でよく混ぜ合わせる。強力粉をふるい入れ、カードで少しずつ、粉っぽさがほぼなくなるまで混ぜ合わせる。

2　ラップまたはぬれぶきんをかけ、10分ほど常温におく。

一次発酵

3　カードで生地をすくい上げ、5〜6回折りたたむ。

4　保存容器に入れ、ふたをして冷蔵庫の野菜室に7〜24時間おき、1.2〜1.5倍に発酵させる。

成形

5　**4**に打ち粉をふり、保存容器の四つの壁面にカードを差し込み、容器を逆さにして生地をこね台に取り出す。

6　生地の下に手を入れ、気泡をつぶさないように軽くのばして長方形にし、奥と手前から生地を折って三つ折り、向きを変えて三つ折りにする。

7　生地を裏返してカードで4分割し、それぞれ長さ20㎝、幅10㎝の楕円形にのばす⒜。

8　生地2枚の全体にオリーブをまんべんなく並べ、残りの生地2枚をそれぞれ重ねる⒝。

二次発酵

9　天板にオーブンシートを敷いて**8**をのせ、ぬれぶきんをかけ、一回り大きくなるまで発酵させる（常温で4〜5時間、オーブンの発酵機能30℃で約3時間）。

焼く

10　下段の天板（またはバット）に湯適量（分量外）を入れ、オーブンを210℃に予熱する。

11　**9**にざるや茶こしで打ち粉をし、ナイフで中央に縦に1本、そのサイドに3本ずつ斜めに（葉のように）クープを入れる⒞。

12　**11**の天板をオーブンに入れ、庫内の上部と側面に向かって水適量（分量外）を霧吹きで4〜5回吹きつけ、210℃で20分焼く。

coupe
au fromage

チーズクッペ

たっぷり包んだチーズが、クープからとろり。
あふれたチーズがカリカリに焼けて、それもまたおいしいのです。
チーズはお好みのものを入れてください。

材料 〔4個分〕
＊おすすめのサワードゥ：ライ麦、全粒粉、強力粉

A ┌ ライ麦サワードゥ（p.8）…… 100g
　│ 水 …… 90mℓ
　│ 塩 …… 4g
　└ 砂糖 …… 8g
強力粉 …… 150g
打ち粉 …… 適量
《 フィリング 》
　チェダーチーズ …… 80g

作り方 ＊混ぜる〜成形の途中まで、
p.14〜17の **1**〜**13**の写真を参考にする

混ぜる

1 ボウルにAを入れ、泡立て器でよく混ぜ合わせる。強力粉をふるい入れ、カードで少しずつ、粉っぽさがほぼなくなるまで混ぜ合わせる。

2 ラップまたはぬれぶきんをかけ、10分ほど常温におく。

一次発酵

3 カードで生地をすくい上げ、5〜6回折りたたむ。

4 保存容器に入れ、ふたをして冷蔵庫の野菜室に7〜24時間おき、1.2〜1.5倍に発酵させる。

成形

5 4に打ち粉をふり、保存容器の四つの壁面にカードを差し込み、容器を逆さにして生地をこね台に取り出す。

6 生地の下に手を入れ、気泡をつぶさないように軽くのばして長方形にし、奥と手前から生地を折って三つ折りにし、向きを変えて三つ折りにして合わせ目をとじる。

7 生地を裏返してカードで4分割し、ぬれぶきんをかけて10分ほど休ませる。この間にチーズを1cm角に切る。

8 生地を手のひらで軽く押さえて平らにのばし、チーズを4等分にしてのせ⒜、対角線でつまんで生地をとじる⒝。

9 生地を裏返し、ころころと転がして丸める。

二次発酵

10 天板にオーブンシートを敷いて**9**をのせ、ぬれぶきんをかけ、1.5〜2倍に発酵させる（常温で4〜5時間、オーブンの発酵機能30℃で約3時間）。

焼く

11 下段の天板（またはバット）に湯適量（分量外）を入れ、オーブンを220℃に予熱する。

12 **10**にざるや茶こしで打ち粉をし、キッチンばさみで十字のクープを入れる⒞。

13 **12**の天板をオーブンに入れ、庫内の上部と側面に向かって水適量（分量外）を霧吹きで4〜5回吹きつけ、220℃で20〜25分焼く。

a　　　　　　　　b　　　　　　　　ⓒ

あんパン

anpan

サワードゥなら、おなじみのあんパンも一味違います。
いつものふわふわパンでなく、しっかりとしたかみごたえ。
まあるく形作ると、素朴な愛らしいパンに。

材料 〔5個分〕
＊おすすめのサワードゥ：全粒粉、強力粉

A┌ 強力粉サワードゥ（p.13）…… 100g
  │ 牛乳 …… 100㎖
  │ 塩 …… 4g
  └ 砂糖 …… 8g
強力粉 …… 150g
打ち粉 …… 適量
《 フィリング 》
　こしあん …… 大さじ5

作り方 ＊混ぜる〜成形の途中まで、
p.14〜17の**1**〜**13**の写真を参考にする

混ぜる

1 ボウルにAを入れ、泡立て器でよく混ぜ合わせる。
強力粉をふるい入れ、カードで少しずつ、粉っぽ
さがほぼなくなるまで混ぜ合わせる。

2 ラップまたはぬれぶきんをかけ、10分ほど常温
におく。

一次発酵

3 カードで生地をすくい上げ、5〜6回折りたたむ。

4 保存容器に入れ、ふたをして冷蔵庫の野菜室に
7〜24時間おき、1.2〜1.5倍に発酵させる。

成形

5 4に打ち粉をふり、保存容器の四つの壁面にカー
ドを差し込み、容器を逆さにして生地をこね台
に取り出す。

6 生地の下に手を入れ、気泡をつぶさないように
軽くのばして長方形にし、奥と手前から生地を
折って三つ折り、向きを変えて三つ折りにして
合わせ目をとじる。

7 生地を裏返してカードで5分割し、ぬれぶきん
をかけて10分ほど休ませる。この間にこしあん
を大さじ1ずつ丸めておく。

8 生地を手のひらで軽く押さえて平らにのばし、
中央にこしあんをのせ、対角線でつまんで生地
をとじる（p.55の写真ⓐⓑ参照）。

9 生地を裏返し、ころころと転がして丸める。

二次発酵

10 天板にオーブンシートを敷き、9をのせ、ぬれ
ぶきんをかけ、1.5〜2倍に発酵させる（常温で4
〜5時間、オーブンの発酵機能30℃で約3時間）。

焼く

11 下段の天板（またはバット）に湯適量（分量外）
を入れ、オーブンを220℃に予熱する。

12 10にざるや茶こしで打ち粉をする。

13 12の天板をオーブンに入れ、庫内の上部と側面
に向かって水適量（分量外）を霧吹きで4〜5回
吹きつけ、220℃で20〜25分焼く。

curry pan

カレーパン

パン粉をふってオーブン焼きにする、揚げないヘルシーなカレーパンです。
香ばしく焼けたパンとスパイシーなカレーの相性は抜群です。
残ったカレーを使っても。

材料 〔4個分〕
＊おすすめのサワードゥ：全粒粉、強力粉

A ┌ 強力粉サワードゥ（p.13）…… 100g
　│ 牛乳 …… 100㎖
　│ 塩 …… 4g
　└ 砂糖 …… 8g
強力粉 …… 150g
打ち粉、サラダ油、パン粉 …… 各適量
《 フィリング 》
　ドライカレー（冷めたもの）…… 大さじ4

作り方 ＊混ぜる〜成形の途中まで、
p.14〜17の**1**〜**13**の写真を参考にする

混ぜる

1 ボウルにAを入れ、泡立て器でよく混ぜ合わせる。強力粉をふるい入れ、カードで少しずつ、粉っぽさがほぼなくなるまで混ぜ合わせる。

2 ラップまたはぬれぶきんをかけ、10分ほど常温におく。

一次発酵

3 カードで生地をすくい上げ、5〜6回折りたたむ。

4 保存容器に入れ、ふたをして冷蔵庫の野菜室に7〜24時間おき、1.2〜1.5倍に発酵させる。

成形

5 4に打ち粉をふり、保存容器の四つの壁面にカードを差し込み、容器を逆さにして生地をこね台に取り出す。

6 生地の下に手を入れ、気泡をつぶさないように軽くのばして長方形にし、奥と手前から生地を折って三つ折り、向きを変えて三つ折りにして合わせ目をとじる。

7 生地を裏返してカードで4分割し、ぬれぶきんをかけて10分ほど休ませる。この間にドライカレーを大さじ1ずつ丸めておく。

8 生地を手のひらで軽く押さえて平らにのばし、中央にドライカレーをのせ、対角線でつまんで生地をとじる（p.55の写真ⓐⓑ参照）。生地を裏返し、楕円形に丸める。

二次発酵

9 天板にオーブンシートを敷いて8をのせ、ぬれぶきんをかけ、1.5〜2倍に発酵させる（常温で4〜5時間、オーブンの発酵機能30℃で約3時間）。

焼く

10 下段の天板（またはバット）に湯適量（分量外）を入れ、オーブンを220℃に予熱する。

11 9に刷毛でサラダ油を塗ってパン粉をふり、軽く指でおさえるⓐ。

12 11の天板をオーブンに入れ、庫内の上部と側面に向かって水適量（分量外）を霧吹きで4〜5回吹きつけ、220℃で20〜25分焼く。

ドライカレー

材料 〔作りやすい分量〕

合いびき肉 …… 100g
にんにく …… 1かけ
玉ねぎ …… ¼個
にんじん …… 50g
ピーマン …… 1個
れんこん …… 50g
カレー粉 …… 小さじ1½
トマトの水煮 …… ½缶（200g）
ウスターソース …… 大さじ1
塩、こしょう …… 各少々
サラダ油 …… 大さじ2

作り方

1 野菜はすべてみじん切りにする。

2 フライパンにサラダ油、にんにく、玉ねぎを入れ、中火で炒める。色づいてきたら合いびき肉、にんじん、ピーマンを入れて炒める。肉の色が変わったられんこんを加え、さらに炒める。

3 全体に油が回ったらカレー粉をふって炒め、香りが出たらトマトの水煮、水½カップ（分量外）を入れ、水気がなくなるまで弱火で煮つめ、ウスターソース、塩、こしょうで調味し、冷ます。

ⓐ

croissant

クロワッサン

サクサクの生地とバターの甘い香りがたまらないパン。
バターを生地で包み、何度も折りたたんで層を作ります。
生地が扱いやすいよう、冷蔵庫で休ませながら作業しましょう。

材料 〔8個分〕
＊おすすめのサワードゥ：全粒粉、強力粉

A ┌ 強力粉サワードゥ（p.13）…… 100g
　├ 水 …… 70mℓ
　├ 塩 …… 4g
　└ 砂糖 …… 20g
バター（食塩不使用）…… 20g
強力粉 …… 150g
打ち粉 …… 適量
バター（食塩不使用・折り込み用）…… 80g
卵黄（焼くとき用）…… 適量

準備

・バター20gは湯煎または電子レンジで加熱し、
　溶かしバターにする

作り方 ＊混ぜる〜成形の途中まで、
p.14〜16の **1**〜**10**の写真を参考にする

混ぜる

① ボウルにA、溶かしバターを入れ、泡立て器で
よく混ぜ合わせる。強力粉をふるい入れ、カー
ドで少しずつ、粉っぽさがほぼなくなるまで混
ぜ合わせる。

② ラップまたはぬれぶきんをかけ、10分ほど常温
におく。

一次発酵

③ カードで生地をすくい上げ、5〜6回折りたたむ。

④ 保存容器に入れ、ふたをして冷蔵庫の野菜室に
7〜24時間おき、1.2〜1.5倍に発酵させる。

⑤ 4に打ち粉をふり、保存容器の四つの壁面にカー
ドを差し込み、容器を逆さにして生地をこね台
に取り出す。

⑥ めん棒で15×15cmにのばし、ラップで包んで
冷蔵庫で1時間ほど冷やす。

＊p.62へ ⑦ →

折り込み用のバターの準備

7

折り込み用のバターはラップに包み、めん棒で全体をまんべんなくたたいて 12 × 12 ㎝にのばし、冷蔵庫で冷やしておく。

8

こね台に打ち粉をして6の生地をのせ、めん棒で 20 × 20 ㎝にのばす。丸くのばしてから、生地の中央から斜め45度の方向にめん棒をかけ、四角くする。

折り込み

9

生地の上に折り込み用のバターを45度ずらしてのせる。

10

生地の角を内側に少しひっぱりながら折りたたみ、重なった部分を指で押さえてくっつけ、バターを完全に包む。

11

ラップで包み、冷蔵庫で10分ほど休ませる。冷やすと生地が扱いやすくなる。

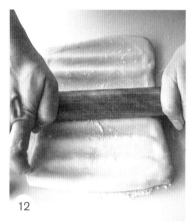

12

こね台に打ち粉をして生地をのせ、生地全体をめん棒で押してバターが偏らないようにする。

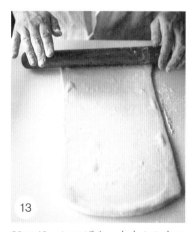

13

20 × 40 ㎝にのばす。中央から向こう側、中央から手前とめん棒を繰り返しかける。

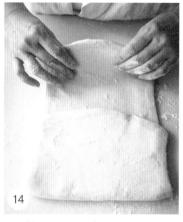

14

三つ折りにする。向こう側から⅓を折り、手前から⅓を折る。

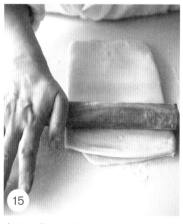

15

向きを変えて 20 × 40 ㎝にのばす。

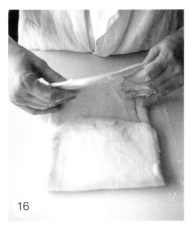

16

向こう側から⅓を折り、手前から⅓を折り、三つ折りにする。

17

ラップで包み、冷蔵庫で30分ほど休ませながら、生地を冷やす。**12〜17**を計3回繰り返す。

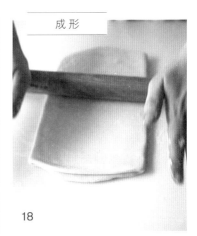

成 形

18

こね台に打ち粉をして生地をのせ、25×40cmにのばす。この時、生地の折返し部分が横にくるように置く。

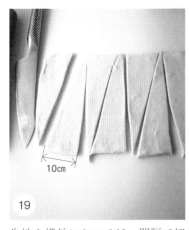

10cm

19

生地を横長において10cm間隔で切り分け、さらに斜めに切り込みを入れ、八つの三角形を作る。

20

二等辺三角形の底辺を軽く手でのばし、長い二等辺三角形にする。

21

二等辺三角形の底辺を手前におき、角に向かってくるくると巻く。

二次発酵

22

天板にオーブンシートを敷いて**21**の巻き終わりを下にしてのせ、ぬれぶきんをかけて約1.5倍に発酵させる（常温で約2時間、オーブンの発酵機能30℃で1時間）。

焼 く

23

オーブンを210℃に予熱する。**22**の表面に刷毛で卵黄を塗り、オーブンに入れて210℃で20分焼く。

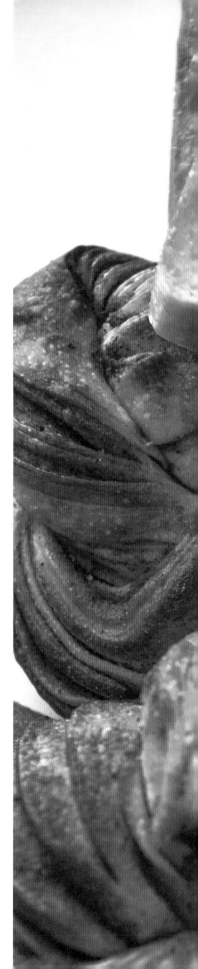

残ったパンのおいしい食べ方

サワードゥを使って焼いたパンは、pH（ペーハー）が下がり、カビなどの発生がおさえられるため、ほかのパンに比べて長もちします。でももし、そのまま食べることに飽きてしまったら、フレンチトーストにしてはいかがでしょう。強力粉サワードゥや全粒粉サワードゥで作ったプレーンなパンが向いています。

フレンチトースト

材料〔1人分〕

かたくなったパン（ブリオッシュ、パン・ド・ミなど好みのもの）
　……1枚
卵 …… 1個
牛乳 …… 200㎖
バター …… 適量
シナモンパウダー …… 適量

作り方

1　バットに卵を割りほぐし、牛乳を加えて泡立て器などで混ぜる。パンをつけ込んで冷蔵庫に一晩おき、途中一度返す。

2　フライパンにバターを溶かし、1を入れ、弱めの中火で両面をこんがりと焼く。

3　器に2を盛り、シナモンパウダーをふり、好みでバターをのせ、はちみつをかける。

part | 3

rich
bread

リッチブレッド

ここで紹介するのは、生地に卵を加えたパン。
濃厚さが加わり、お菓子のような味わいです。
クリスマスシーズンにプレゼントとして活躍するパンもご紹介します。

brioche
nanterre

ブリオッシュ

卵やバターをたっぷり使った、リッチなパンの代表格。
甘い香りとふんわり食感が特徴です。
大きく焼くスタイルは、フランスのナンテール地方風。

材料 〔 18×8×高さ6cmのパウンド型1台分 〕
＊おすすめのサワードゥ：全粒粉、強力粉

A ┌ 強力粉サワードゥ（p.13）…… 100g
　│ 卵 …… 1個
　│ 卵黄 …… 1個分
　│ 牛乳 …… 適量（卵、卵黄と足して100mℓ）
　│ 塩 …… 4g
　└ 砂糖 …… 30g
バター（食塩不使用）…… 50g
強力粉 …… 150g
打ち粉 …… 適量

準備

・オーブンシートを型に合わせて切り、型に敷いておく
・バターは湯煎または電子レンジで加熱し、
　溶かしバターにする
・ボウルに卵、卵黄を入れてほぐし、牛乳を加えて
　100mℓにする

作り方 ＊p.68へ

混ぜる

1

ボウルにA、溶かしバターを入れ、泡立て器でよく混ぜ合わせる。

2

強力粉をふるい入れ、カードで少しずつ、粉っぽさがなくなるまで混ぜ合わせる。ラップまたはぬれぶきんをかけ、10分ほど常温におく。

3

カードで生地をすくい上げ、5〜6回折りたたむ。

一次発酵

4

保存容器に入れ、ふたをして冷蔵庫の野菜室に7〜24時間おき、1.2〜1.5倍に発酵させる。

成形

5

4に打ち粉を生地が見えなくなるくらいたっぷりふる。

6

保存容器の四つの壁面にカードを差し込み、容器を逆さにして生地をこね台に取り出す。気泡をつぶさないように底にもカードを入れると取り出しやすい。

7

取り出した生地。

8

p.16〜17の11〜13の写真を参照し、三つ折りにし、向きを変えて三つ折りにして合わせ目をとじ、生地を裏返してカードで2分割する。

9

一つずつ表面がつるりと張るように縁をのばして底に送り込み、合わせ目をとじて丸める。

二次発酵

10

オーブンシートを敷いた型に9を入れ、ぬれぶきんをかけて1.5〜2倍に発酵させる（常温で4〜5時間、オーブンの発酵機能30℃で約3時間）。

11

発酵後。

焼く

12 下段の天板（またはバット）に湯適量（分量外）を入れ、オーブンを220℃に予熱する。

13 天板に11をのせてオーブンに入れ、庫内の上部と側面に向かって水適量（分量外）を霧吹きで4〜5回吹きつけ、220℃で30〜35分焼く。型から取り出し、冷ます。

kanelbulle

シナモンロール

スウェーデン風のシナモンロール、カネルブッレ。
もちっと弾力のある生地と、シナモンの香りと甘み。
その三つが絶妙に組み合わさった絶品です。

材料 〔4個分〕
＊おすすめのサワードゥ：全粒粉、強力粉

A ┌ 全粒粉サワードゥ（p.12）…… 100g
  │ 卵 …… 1個
  │ 牛乳 …… 適量（卵と足して80㎖）
  │ 塩 …… 3g
  └ 砂糖 …… 20g
バター（食塩不使用）…… 20g
強力粉 …… 150g
打ち粉 …… 適量
《 フィリング 》
　　シナモンパウダー …… 大さじ1
　　グラニュー糖 …… 30g
　　バター（食塩不使用）…… 15g

準備

・バター20gは湯煎または電子レンジで加熱し、
　溶かしバターにする
・ボウルに卵を入れてほぐし、牛乳を加えて80㎖にする
・フィリングの材料は練り混ぜておく

作り方 ＊混ぜる〜一次発酵まで、
　　　　　p.14〜15の1〜7の写真を参考にする

混ぜる

① ボウルにA、溶かしバターを入れ、泡立て器でよく混ぜ合わせる。強力粉をふるい入れ、カードで少しずつ、粉っぽさがほぼなくなるまで混ぜ合わせる。

② ラップまたはぬれぶきんをかけ、10分ほど常温におく。

一次発酵

③ カードで生地をすくい上げ、5〜6回折りたたむ。

④ 保存容器に入れ、ふたをして冷蔵庫の野菜室に7〜24時間おき、発酵させる。わずかに膨らむ程度。

＊p.72へ ⑤ →

5

4に打ち粉をふり、p.15～16の8、9同様に取り出し、生地をめん棒で25×25cmにのばす。途中向きを変えてのばすとよい。

6

生地の中央⅓に《フィリング》をのせる。のせてから、スプーンの背で平らにのばす。

7

《フィリング》を塗った部分を覆うように、左右の生地を中央に折り、三つ折りにする。

8

7を奥と手前から折って、三つ折りにする。

9

生地を返して90度向きを変え（折った部分が横になるようにし）、めん棒でのばす。

10

生地の向きを変えて（折った部分が上下になるようにし）、めん棒で20×20cmにのばし、厚みを均一にする。

11

包丁で、縦4等分に切り分ける。

12

それぞれの中央に長い切り込みを入れる。

13

片端を切り込みにくぐらせて、手綱にする。

14

生地を両手で持ち、ねじる。こうすると、《フィリング》がマーブル状になる。

15

丸くし、片端を上からくぐらせてリング状にする。

二次発酵

⑯ 天板にオーブンシートを敷いて15をのせ、ぬれぶきんをかけ、常温で30分発酵させる。

焼く

⑰ オーブンを210℃に予熱する。

⑱ 16の天板をオーブンに入れ、庫内の上部と側面に向かって水適量（分量外）を霧吹きで4〜5回吹きつけ、210℃で20〜25分焼く。

stollen

シュトーレン

クリスマスのパンとしておなじみのシュトーレンはドイツ生まれ。
焼き上がりに溶かしバターを染み込ませ、砂糖をたっぷりまぶします。
作ってから1週間後くらいが、食べごろ。

材料 〔2個分〕
＊おすすめのサワードゥ：全粒粉、強力粉

A ┌ 全粒粉サワードゥ（p.12）…… 100g
　│ 卵黄 …… 1個分
　│ 牛乳 …… 適量（卵黄と足して100㎖）
　│ 塩 …… 4g
　└ 砂糖 …… 20g
バター（食塩不使用）…… 40g
アーモンドプードル …… 50g
レーズン、ドライクランベリー、オレンジピール
　　…… 合わせて100g
B ┌ 強力粉 …… 140g
　└ アーモンドプードル …… 40g
打ち粉 …… 適量
《 仕上げ用 》
　バター（食塩不使用）…… 100g
　きび砂糖 …… 適量

準備

・バター40gは湯煎または電子レンジで加熱し、溶かしバターにする
・ボウルに卵黄を入れてほぐし、牛乳を加えて100㎖にする
・Bは混ぜ合わせておく

作り方　＊混ぜる～成形の途中まで、
p.14～17の**1**～**13**の写真を参考にする

混ぜる

1 ボウルにA、溶かしバターを入れ、泡立て器でよく混ぜ合わせる。

2 アーモンドプードル、レーズン、ドライクランベリー、オレンジピールを加えてさっと混ぜ、Bをふるい入れ、カードで少しずつ、粉っぽさがなくなるまで混ぜ合わせる。

3 ラップまたはぬれぶきんをかけ、10分ほど常温におく。

一次発酵

4 カードで生地をすくい上げ、5～6回折りたたむ。

5 保存容器に入れ、ふたをして冷蔵庫の野菜室に7～24時間おき、発酵させる。わずかに膨らむ程度。

成形

6 5に打ち粉をふり、保存容器の四つの壁面にカードを差し込み、容器を逆さにして生地をこね台に取り出す。

7 生地の下に手を入れ、気泡をつぶさないように軽くのばして長方形にし、奥と手前から生地を折って三つ折り、向きを変えて三つ折りにして合わせ目をとじ、丸く成形する。

8 生地を裏返してカードで2分割し、楕円形に丸め、少しずらして二つに折る。

二次発酵

9 天板にオーブンシートを敷いて8をのせ、ぬれぶきんをかけ、約1.5倍に発酵させる（常温で4～5時間、オーブンの発酵機能30℃で約3時間）。

焼く

10 下段の天板（またはバット）に湯適量（分量外）を入れ、オーブンを210℃に予熱する。

11 9の天板をオーブンに入れ、庫内の上部と側面に向かって水適量（分量外）を霧吹きで4～5回吹きつけ、210℃で30～35分焼く。

仕上げ

12 仕上げ用のバターは湯煎または電子レンジで加熱し、溶かしバターにする。

13 11が熱いうちに12の溶かしバターを刷毛で塗り、染み込ませるⓐ。

14 ラップを広げてきび砂糖を敷き、13をのせ、上からもきび砂糖をかけ、手でおさえるⓑ。

15 ラップで包みⓒ、約1週間ほど常温においてなじませる。

ⓐ　　　　ⓑ　　　　ⓒ

panettone

パネトーネ

本来は北イタリア・ロンバルディア州のパネトーネ種を使用する
クリスマススイーツ。ここではサワードゥを使い、空き缶で手軽に作ります。
軽くトーストするとサクッと感が加わり、これもまたおいしい。

材料 〔400gの空き缶2個分〕
＊おすすめのサワードゥ：全粒粉、強力粉

A 強力粉サワードゥ（p.13）…… 100g
　卵黄 …… 2個分
　塩 …… 4g
　砂糖 …… 50g
バター（食塩不使用）…… 50g
B ラム酒 …… 100mℓ
　レーズン …… 50g
　オレンジピール …… 50g
強力粉 …… 200g
打ち粉 …… 適量

準備

・Bのラム酒にレーズン、オレンジピールを約1日つけておく
・バター50gは湯煎または電子レンジで加熱し、溶かしバターにする
・空き缶の切り口は、かなづちで内側にたたいておく
・オーブンシートを空き缶に合わせて切り、缶に敷いておく

作り方 ＊混ぜる〜成形の途中まで、
p.14〜17の**1**〜**13**の写真を参考にする

混ぜる

1 ボウルにA、溶かしバターを入れ、泡立て器でよく混ぜ合わせる。

2 Bを加えてさっと混ぜ、強力粉をふるい入れ、カードで少しずつ、粉っぽさがほぼなくなるまで混ぜ合わせる。

3 ラップまたはぬれぶきんをかけ、10分ほど常温におく。

一次発酵

4 カードで生地をすくい上げ、5〜6回折りたたむ。

5 保存容器に入れ、ふたをして冷蔵庫の野菜室に7〜24時間おき、発酵させる。わずかに膨らむ程度。

成形

6 5に打ち粉をふり、保存容器の四つの壁面にカードを差し込む。容器を逆さにしてこね台に取り出す。

7 生地の下に手を入れ@、気泡をつぶさないように軽くのばして長方形にし、奥と手前から生地を折って三つ折りにし、向きを変えて三つ折りにし、合わせ目をとじる。

8 生地を裏返してカードで2分割し、手で軽く転がして細く丸める。

二次発酵

9 オーブンシートを敷いた空き缶に8を入れ⑤ⓒ、ぬれぶきんをかけて缶の上まで膨らませるⓓ（常温で4〜5時間、オーブンの発酵機能30℃で約3時間が目安だが、膨らませるのが優先）。

焼く

10 下段の天板（またはバット）に湯適量（分量外）を入れ、オーブンを210℃に予熱する。

11 天板に9をのせてオーブンに入れ、庫内の上部と側面に向かって水適量（分量外）を霧吹きで4〜5回吹きつけ、210℃で30〜35分焼く。缶に入れたまま冷まし、やさしく引き抜く。

a　b　c　d

pancake

パンケーキ

サワードゥの元気がなくなったらパンケーキにして、
無駄にせず、食べきりましょう。
ベーキングパウダーでふんわり、重曹で口当たりよく仕上げます。

材料 〔4〜6枚分〕
＊おすすめのサワードゥ：ライ麦、全粒粉、強力粉

A ┌ 強力粉サワードゥ（p.13）…… 100g
  │ 牛乳 …… 100㎖
  │ 塩 …… 4g
  └ 砂糖 …… 20g
B ┌ 強力粉 …… 100g
  │ ベーキングパウダー …… 小さじ1
  └ 重曹（あれば）…… 小さじ½
バター …… 適量

作り方

混ぜる

1 ボウルにAを入れ、泡立て器でよく混ぜ合わせる。

2 Bを混ぜ合わせて1にふるい入れ、泡立て器でさらに混ぜ合わせる。

3 ラップまたはぬれぶきんをかけ、10分ほど常温におく。

焼く

4 フライパンにバターを溶かし、3をレードル1杯分、丸く流し入れる。まわりが乾いて全体にフツフツと泡が出てきたら裏返し、もう片面もこんがりと焼く。それを繰り返し、計4〜6枚焼く。好みでスクランブルエッグ、ソテーしたソーセージを添え、バターをのせ、はちみつをかける。

oatmeal cookie

オートミールクッキー

こちらも、少し調子が悪いサワードゥを無駄にしないで食べる方法。
ざくざく、カリカリ、むっちり。
サワードゥを使うと、しっとりとしたクッキーに。

材料 〔12〜13個分〕
＊おすすめのサワードゥ：ライ麦、全粒粉、強力粉

全粒粉サワードゥ（p.12）…… 100g
米油または太白ごま油（香りが少ないもの）…… 60g
オートミール …… 70g
アーモンドスライス …… 40g
ドライクランベリー …… 40g
チョコレート …… 50g
砂糖 …… 20g
塩 …… ひとつまみ

準備

・チョコレートは包丁で粗めに刻む

作り方

混ぜる

1 ボウルにサワードゥ、米油を入れ、泡立て器でよく混ぜ合わせる。

2 残りの材料すべてを加え、ゴムべらでよく混ぜ合わせる。

焼く

3 オーブンを180℃に予熱する。

4 天板にオーブンシートを敷き、2をスプーンで直径2〜3cmの大きさに間隔をあけて落とす。

5 4の天板をオーブンに入れ、180℃で15分焼く。オーブンの温度を160℃に下げ、約10分焼く。粗熱が取れるまで完全に冷ます。

粉類

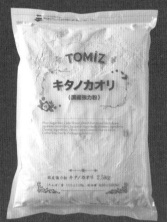

強力粉

北海道産「キタノカオリ」がお気に入り。甘みがあって風味がよく、もちもちとしてしっとりした生地に。少し黄色味がかっているのが特徴。★

強力全粒粉

小麦の粒を丸ごとひいて製粉した、強力全粒粉。香ばしい風味とほのかな酸味が楽しめます。「キタノカオリ」の全粒粉は風味がよい。★

ライ麦粉

サワードゥ作りには、粗びきor中びきを使ってください。パン生地にもライ麦粉は粗びきか中びきのものがおすすめ。ライ麦粉ならではのざっくり食感が味わえます。★

砂糖・塩・バター類

砂糖

グラニュー糖

砂糖はミネラルたっぷりのきび砂糖と、有機栽培のさとうきび100％のグラニュー糖の二つを用意。どちらも自然なやさしい甘み。砂糖は酵母のエサになり、発酵させやすくする働きも。

塩

フランス産の「ゲランドの塩」を使っています。ミネラルが豊富で、うまみが強く、ほのかな甘みが感じられます。パン作りには、粒子の細かいものを。

バター

塩分濃度を調整する必要がない、食塩不使用が便利。パンにのせて食べる場合は、風味のよい発酵バターがおすすめ。

◇ ドライフルーツ類 ◇

レーズン

ドライいちじく

ドライクランベリー

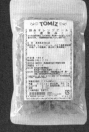
オレンジピール

ドライフルーツは、なるべく有機
栽培のものを使用しています。
丸ごとのドライいちじくは、ざっ
くりちぎってから加えます。★

◇ ナッツ類 ◇

くるみロースト

ミックスナッツ

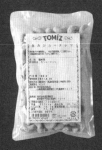
カシューナッツ

アーモンド
スライス

アーモンド

ナッツはパンに香ばしさ
と心地よい食感を加えて
くれます。ローストして
あるものはそのまま、生
のものはフライパンでか
ら煎りしてから生地に加
えます。★

◇ シード類 ◇

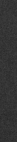

シードミックス　　ひまわりの種

ドイツのパン、フォルコンブロー
トに欠かせないシードミックス。
オーツ麦、ひまわりの種、ごま、
アマニ入り。プチプチッとした
食感が楽しい。★

◇ その他 ◇

こしあん

あんパン作りで使用し
たのは、小豆の風味豊
かでなめらかな舌触り
のもの。パン生地との
相性もよくおすすめです。
★

カカオニブ

カカオ豆の実をロースト
し、粗く砕いたもの。コ
リコリとした食感とカカ
オの深みと香りが味わえ
ます。有機栽培のものを。
★

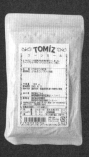

コーンミール

とうもろこしの胚乳をひ
いて粉にしたもの。独
特の食感、ほのかな甘
みがあります。イングリッ
シュマフィンには欠かせ
ません。★

★マークがついている材料は、富澤商店で購入できます。
お問い合わせはp.88をご覧ください。

保存容器

サワードゥ作りには、上のガラス製のものがおすすめ。煮沸してから使いましょう。生地を発酵させるときは、プラスチック製が軽くて作業しやすい。ふたのあるものを。

ボウル

サワードゥと水、粉などを混ぜるときに使います。直径24cmくらいのサイズが使いやすく、ガラス製やステンレス製なら清潔に保ちやすくおすすめ。

デジタルスケール

パン作りには正確な計量が欠かせないので、0.1gから計量できるスケールがおすすめ。デジタルばかりなら、材料を量りながら加えられて便利。

ゴムべら　泡立て器

ゴムべらはサワードゥを作る際に使用。小回りが利く小さめのものを。泡立て器は、サワードゥと水、粉などをよく混ぜ合わせたいときに。

カード

弾力性のあるプラスチック製のものがおすすめ。粉に水分を少しずつ混ぜ合わせたいときも使いやすい。生地を切るときにも活躍。

ざる　茶こし

ざるは粉をふるうとき、茶こしは生地にクープを入れる前の打ち粉のときに使います。どちらもしっかり乾かしてから使用してください。

ふきん

発酵時の生地にかぶせるもの
は、ぬらしてからかたく絞って
使います。パン・ド・カンパーニュ
の二次発酵時に容器に敷くの
は、麻素材の目の粗いものを。

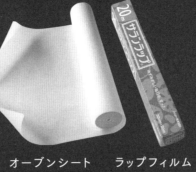

オーブンシート　ラップフィルム

オーブンシートは、天板に生地
をのせて焼くときに。型を使うと
きも、グラシン紙でなくこちらを
型に合わせて切って使用を。
ラップは発酵時に。

霧吹き

パン生地を焼くときに、オーブ
ン庫内に水適量を4〜5回吹き
つけます。乾燥を防ぎ、生地を
パリッと焼き上げるためです。
一般のものでOK。

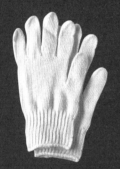

軍手

熱い天板を持つとき、パンを型
からはずしたりするときに便利。
もちろんオーブンミトンでもいい
けれど、軍手なら作業がしやす
いです。

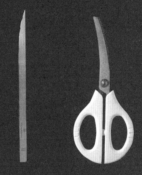

クープナイフ　キッチンばさみ

左はパンにクープ（切り込み）を
入れるとき専用のナイフ。キッチ
ンばさみは、ベーコンエピ、チー
ズクッペで使用しています。

めん棒

生地を薄くのばすとき、クロワッ
サンで折り込み用のバターをた
たいてやわらかくするときに使い
ます。一般的なサイズで大丈夫。

パウンド型

この本では、18×8×高さ6cm
のパウンド型をパン・ド・ミ、ブ
リオッシュなどを作るときに使って
います。食べやすい量のパンが
焼けます。

オーブン

この本では電気オーブンレンジ（熱風循環式）を使
用しています。高温まで上がり、予熱時間が短いタ
イプがおすすめです（このオーブンは350℃まで上が
り、200℃までの予熱時間が約5分！）。高火力の
オーブンなら、パンの表面はパリッ、中はもっちりと
焼き上がります。また、熱風を効率よく循環できて
庫内の天井が丸みを帯びているなど、焼きむらが少
ないタイプを選ぶといいでしょう。パンの焼けている
様子を見ることもできる、LED庫内灯があるとさら
に便利。TOSHIBA　石窯ドーム　ER-VD7000

こね台のこと

クロワッサンなどのバ
ターを生地に練り込む
ときには、専用のこね
台があると便利です。
人工大理石なら、生地
が温まらず作業がしや
すい。ない場合は、作
業台やテーブルをきれ
いに拭いて使っても。

サワードゥ ブレッド
Q & A

サワードゥ編

サワードゥブレッドを成功させるカギは、
サワードゥがちゃんと発酵していること。
あれ?おかしいなと思ったら読んでください。

Q
サワードゥ作りに
適している季節はある?

酵母菌の活性が高くなる温度は25〜30℃です。そのため、寒暖差がなく気温が安定している春や秋がサワードゥ作りにいちばん適しています。夏は発酵が早いので涼しいところに、逆に冬は発酵が遅いので暖かいところにおいてください。

Q
ライ麦粉はどんな種類でもいい?

サワードゥ作りには、細びきのライ麦粉はあまりおすすめしません。ライ麦粉で作るサワードゥは、独特のざっくりした食感がおいしいため、中びき、または粗びきのほうが向いています。ただし、細びきも使えないというわけではありません。中びきのライ麦粉よりも吸水しやすいので、ライ麦粉50gに対して水を35mℓに減らすといいでしょう。また、サワードゥを作る過程で、どろどろになってしまったら、加える水の量を10〜20mℓ減らしましょう。この本では、外国産のライ麦粉を使用しています。国産を使用する場合は、水分を3〜5%減らしてください。

Q
強力粉サワードゥよりも、
ライ麦サワードゥや全粒粉サワードゥが
安定しやすいのはなぜ?

酵母や乳酸菌などの菌活動に必要な酵素や栄養分は、麦の外側部分に多く含まれています。そのため、強力全粒粉やライ麦粉のほうが発酵しやすいのです。また、ライ麦粉が酵母のエサになる糖を作り出すアミラーゼを多く含んでいるのに対し、強力粉はたんぱく質が多い分デンプンの割合が少ない。それも発酵しにくい理由のようです。

Q

強力粉サワードゥは水の量が少ないので混ぜにくいです。

強力粉は粒子が細かく吸水率が高いです。そのため、ライ麦粉や全粒粉よりも水分量を減らしています。ですが、最終的に加える量が35mℓずつ加える場合と同じであれば問題ないので、作り始め1〜3日目までは強力粉50gに水50mℓを混ぜ、粉と水分がなじんできた4〜6日目に加える水の量を20mℓにしても大丈夫です。

Q

サワードゥの完成の目安は?

全体に気泡ができ、盛り上がってきたら完成した証拠です。ただし、サワードゥを作り始めて2〜3日くらいで気泡がたくさんできたとしても、まだ安定していないことが多いです。少なくとも5日くらいはエサやり(粉と水を足す)を続けましょう。

Q

サワードゥ作りで失敗するのはどんなとき?

雑菌が入ってしまったときです。雑菌が入らないよう、サワードゥ作りにはガラス容器などを煮沸消毒してから使いましょう。雑菌が入ったかどうかはにおいで判断を。あきらかに変なにおいがしたら雑菌が入ってしまったかもしれません。その場合は、パンケーキやオートミールクッキー(p.78、79)に使い、サワードゥは作り直しましょう。サワードゥ作り成功のカギは、エサやりの時間を一定にし、ちゃんと世話すること。でき上がって冷蔵庫に入れてからも、2〜3週間放置するとカビが生える可能性があるので、必ず週に1回(作り始め1か月以内は週2回)はエサやりをしましょう。サワードゥは生き物です。世話をしないと死んでしまうということを覚えておいてください。

Q

毎日焼かない場合、サワードゥはどうしたらいい?

保存容器にふたをして冷蔵庫で保存し、週に1回(作り始め1か月以内は週2回)は必ずエサやりをします(その後、1日常温においてから冷蔵庫へ)。パンを仕込むときは、その前日にエサやりをします。サワードゥの世話とパンを焼くときのスケジュールはp.36を参考にしてください。

Q

サワードゥを冷蔵庫に保存していたら、気泡が少なくなっていました。

その場合は、サワードゥの上部を100gほど取り除き、強力粉サワードゥなら強力粉50gと水35mℓを混ぜるを2〜3日繰り返すと復活します。ライ麦粉サワードゥならライ麦粉50gと水50mℓ、全粒粉サワードゥなら強力全粒粉50gと水40mℓを足して復活させます。取り除いたサワードゥは捨てずにパンケーキやオートミールクッキー(p.78、79)に使うと無駄にしなくてすみます。

Q

なぜ、粉と水で発酵種が作れるの?

穀物の表面には野生酵母や乳酸菌、酢酸菌などが付着しています。これらの菌が働き、以下のような過程をたどってサワードゥ(発酵種)が完成します。

> 穀物に水を加えると、粉に付着した酵母や乳酸菌が粉に含まれるデンプンを分解して糖化

> 生地中の酸素が消費されて嫌気的条件下になると、まず乳酸菌が活性化し、糖質を分解する乳酸発酵を始める

> 乳酸が生成され、発酵種が酸性化する(pHが4.5以下になる)

> 粉に付着している酵母が活性化し、アルコール発酵を始める

> 酵母と乳酸菌、酢酸菌などが適度なバランスで共存し、アルコールや炭酸ガスを含んだ発酵種=サワードゥになる

Q

サワードゥでパンが膨らむメカニズムは?

サワードゥは、酵母菌と乳酸菌などを増殖させて作る発酵種。その中でパン生地を膨らませるのが、酵母です。酵母は、酵素によって生地中のショ糖やデンプンをブドウ糖や果糖に分解し、それらを栄養源として体内に取り入れ、炭酸ガスとアルコールを排出。この炭酸ガスが、グルテンで強化された小麦粉生地を押し上げて膨らませます。

サワードゥ ブレッド
Q & A

パン生地編

生地の発酵〜焼成時の大事なポイント。
焼き上がりの目安や切るタイミングなど
小さなコツもおさえて。

Q

一次発酵の際に
「野菜室に7〜24時間おく」とあるけれど、
時間に幅があるのはなぜ?

この本で紹介しているのは、低温で時間をかけて発
酵させ、粉の持つ風味やうまみ、香りを引き出す方
法です。それには最低7時間かかります。ですが、
時間が長いほどいいわけではなく、24時間以上にな
ると今度は菌の働きが悪くなったり、酸味が強くな
りすぎる心配も。そのため、一次発酵の時間を7〜
24時間にしています。時間に幅があるので、自分の
スケジュールに合わせて作れるのも、この低温長時
間発酵の便利なところです。

Q

打ち粉の粉の種類は?

お好みでかまいません。白っぽく仕上げたかったら、
クープを入れる直前の打ち粉を強力粉にするといい
でしょう。または、サワードゥ作りで使用した粉に
合わせてもいいですね。ライ麦粉は粒子が粗いため、
ふきんにくっつきにくいので、パン・ド・カンパー
ニュのときにもおすすめです。

Q

生地をすぐに焼かない場合は
どうしたらいい?

二次発酵の際に、冷蔵庫に入れておくといいでしょ
う。冷蔵庫は温度が低いため、発酵を遅らせます。
ゆっくり時間をかけて1.5〜2倍にします。過発酵
しやすい夏場は、冷蔵庫で発酵させるのも一つの方
法です。

Q

一次発酵であまり膨らみません。

低温で長時間発酵させるのは、粉の持つ風味や有機酸(乳酸や酢酸など)の香りをいかすことが目的です。なので、それほど膨らまなくても大丈夫です。その代わり、二次発酵でしっかり膨らませてください。

Q

パンを焼くとき、下段の天板に
湯を入れるのはなぜ?

クラム(中身)をふっくらさせるためです。早めにパンの表面が固まってしまうと、内側が膨らむのを妨げてしまいます。そのため、パンが乾燥しないよう(固まらないよう)天板に湯を入れています。霧吹きをするのも同じ理由です。パン生地をそれほどふっくらさせる必要のないフォカッチャやピッツァ、イングリッシュマフィンなどは天板に湯を入れなくても大丈夫です。

Q

表面がかなり黒く焼けてしまいます。

オーブンにはそれぞれクセがあるので、何度か焼いてみて温度を調節してください。また、本書では電気オーブンを使用していますが、ガスオーブンは火力が強いので、様子を見て10℃下げてみてください。焼いている途中からアルミホイルをかぶせるのもいいでしょう。

Q

ライ麦サワードゥで作ったパンが
あまり膨らまない理由は?

ライ麦はグルテンを形成しません。つまり膨らむ力が弱いため、ライ麦パンは目が詰まっているのです。ライ麦のこの性質により、ライ麦サワードゥで作ったパンも気泡が小さく膨らみは少なめです。

Q

パンが膨らまない原因は?

サワードゥ ブレッドを上手に作るには、サワードゥがきちんと発酵していることが第一条件です。まずは、サワードゥ全体にちゃんと気泡が出ているかを確認してください。また、きちんと発酵時間をとることも大事。二次発酵では、生地の高さが1.5〜2倍になるまで、しっかり時間をかけてください。オーブンの発酵機能なら、季節に関係なく発酵するので安心です。また、もし何度作ってもうまく膨らまない場合は、市販のイーストを1g足してみても。

Q

強力粉サワードゥの
パン・ド・カンパーニュを作るとき、
保存容器に入れたふきんが
生地にくっついてしまいます。

強力粉サワードゥは水分が多いため、ふきんにくっつく可能性があります。必ず、目の粗い、麻素材のふきんをお使いください。それでもくっつく場合は、オーブンシートを保存容器に敷く方法も。p.17の作り方15のときに「保存容器にふきんを敷く」代わりに「保存容器にオーブンシートを敷き、生地のとじ目を下にして入れ、焼くときにはオーブンシートごと天板に移して焼く」方法も試してみてください。

Q

パンを切るのは、いつ?

焼き上がったパンが充分に冷めてから切ってください。熱いうちは切りにくく、きれいに切れません。また、冷ますことでパンに余熱が入るため、生焼けが防げます。

真藤 舞衣子
しんどうまいこ

料理家。東京生まれ。会社勤めを経て、京都の大徳寺内塔頭にて1年間生活をし、その後フランスのリッツ・エスコフィエに留学し、ディプロマを取得。菓子店勤務後、カフェ＆サロン「my-an」をオープンし、料理家に。現在は料理教室やレシピ開発、テレビやラジオで活躍。おもに発酵料理を得意とし、料理を通じて環境を考えた暮らし方や食育を提案。著書は『ボウルひとつで作れる こねないパン』『和えもの』(主婦と生活社)、『からだが整う発酵おつまみ』『はじめてのみそ作り』(立東舎)など。

材料協力：TOMIZ (富澤商店)
https://tomiz.com/
製菓・製パン材料、和食材のほか、スパイスや調理器具などを幅広く取り扱う食材専門店。
全国各地に直営店があり、オンラインショップでも商品を購入できる。

撮影協力：東芝ライフスタイル株式会社 (石窯ドーム)
東芝生活家電ご相談センター　☎ 0120-1048-76

参考文献
『パンの科学』　吉野精一著　講談社
『パン「こつ」の科学』　吉野精一著　柴田書店
『天然酵母～歴史とパンづくりへの応用～』　灘吉利晃著　ホームメイド協会
『秘伝 自然発酵種のパンづくり』　林弘子著　晶文社
『BREAD』　ジェフリー・ハメルマン著、金子千保訳　旭屋出版
『タルティーン・ブレッド』　チャド・ロバートソン著　クロニクルブックス・ジャパン

粉と水だけの自家製酵母で作る

はじめてのサワードゥ ブレッド

2021年6月27日　第1刷発行

著者　　　真藤舞衣子
発行者　　濱田勝宏
発行所　　学校法人文化学園 文化出版局
　　　　　〒151-8524　東京都渋谷区代々木3-22-1
　　　　　電話　03-3299-2485 (編集)
　　　　　　　　03-3299-2540 (営業)
印刷・製本所　株式会社文化カラー印刷

文化出版局のホームページ　http://books.bunka.ac.jp/

撮影：竹内章雄
スタイリング：池水陽子
デザイン：髙橋 良 [chorus]
校閲：山脇節子
編集：飯村いずみ、田中 薫 [文化出版局]